Tucholsky Wagner Zola Scott Sydow Fonatne Schlegel
Turgenev Wallace Freud
Twain Walther von der Vogelweide Fouqué Friedrich II. von Preußen
Weber Freiligrath
Fechner Fichte Weiße Rose von Fallersleben Kant Ernst Frey
Richthofen Frommel
Hölderlin
Fehrs Engels Fielding Eichendorff Tacitus Dumas
Faber Flaubert
Feuerbach Maximilian I. von Habsburg Fock Eliasberg Zweig Ebner Eschenbach
Ewald Eliot Vergil
Goethe London
Mendelssohn Balzac Shakespeare Elisabeth von Österreich
Lichtenberg Rathenau Dostojewski Ganghofer
Trackl Stevenson Doyle Gjellerup
Mommsen Tolstoi Hambruch
Thoma Lenz Hanrieder Droste-Hülshoff
Dach Verne von Arnim Hägele Hauff Humboldt
Karrillon Reuter Rousseau Hagen Hauptmann
Garschin Gautier
Damaschke Defoe Hebbel Baudelaire
Descartes
Wolfram von Eschenbach Hegel Kussmaul Herder
Darwin Dickens Schopenhauer
Bronner Melville Grimm Jerome Rilke George
Campe Horváth Aristoteles Bebel Proust
Bismarck Vigny Barlach Voltaire Federer Herodot
Gengenbach Heine
Storm Casanova Lessing Tersteegen Gilm Grillparzer Georgy
Chamberlain Langbein Gryphius
Brentano La Fontaine
Strachwitz Claudius Schiller Kralik Iffland Sokrates
Katharina II. von Rußland Bellamy Schilling
Gerstäcker Raabe Gibbon Tschechow
Löns Hesse Hoffmann Gogol Wilde Gleim Vulpius
Luther Heym Hofmannsthal Morgenstern
Roth Heyse Klopstock Klee Hölty Kleist Goedicke
Luxemburg Puschkin Homer Mörike
La Roche Horaz Musil
Machiavelli Kierkegaard Kraft Kraus
Navarra Aurel Musset
Nestroy Marie de France Lamprecht Kind Kirchhoff Hugo Moltke
Nietzsche Nansen Laotse Ipsen Liebknecht
Marx Ringelnatz
von Ossietzky Lassalle Gorki Klett Leibniz
May vom Stein Lawrence Irving
Petalozzi
Platon Knigge
Sachs Poe Pückler Michelangelo Kock Kafka
Liebermann Korolenko
de Sade Praetorius Mistral Zetkin

Der Verlag tredition aus Hamburg veröffentlicht in der Reihe **TREDITION CLASSICS** Werke aus mehr als zwei Jahrtausenden. Diese waren zu einem Großteil vergriffen oder nur noch antiquarisch erhältlich.

Symbolfigur für **TREDITION CLASSICS** ist Johannes Gutenberg (1400 — 1468), der Erfinder des Buchdrucks mit Metalllettern und der Druckerpresse.

Mit der Buchreihe **TREDITION CLASSICS** verfolgt tredition das Ziel, tausende Klassiker der Weltliteratur verschiedener Sprachen wieder als gedruckte Bücher aufzulegen – und das weltweit!

Die Buchreihe dient zur Bewahrung der Literatur und Förderung der Kultur. Sie trägt so dazu bei, dass viele tausend Werke nicht in Vergessenheit geraten.

Beiträge zu den Frankfurter Gelehrten Anzeigen vom Jahr 1772

Johann Wolfgang vcn Goethe

Impressum

Autor: Johann Wolfgang von Goethe
Umschlagkonzept: toepferschumann, Berlin

Verlag: tredition GmbH, Hamburg
ISBN: 978-3-8472-3576-7
Printed in Germany

Ziel der TREDITION CLASSICS ist es, tausende deutsch- und fremdsprachige Klassiker wieder in Buchform verfügbar zu machen. Die Werke wurden eingescannt und digitalisiert. Dadurch können etwaige Fehler nicht komplett ausgeschlossen werden. Unsere Kooperationspartner und wir von tredition versuchen, die Werke bestmöglich zu bearbeiten. Sollten Sie trotzdem einen Fehler finden, bitten wir diesen zu entschuldigen. Die Rechtschreibung der Originalausgabe wurde unverändert übernommen. Daher können sich hinsichtlich der Schreibweise Widersprüche zu der heutigen Rechtschreibung ergeben.

Text der Originalausgabe

Johann Wolfgang von Goethe

Beiträge zu den Frankfurter Gelehrten Anzeigen vom Jahr 1772

Wittenberg und Zerbst

Empfindsame Reisen durch Deutschland von S. 2ter Teil. Bei Zimmermann, 8. 22 Bog.

Aláss the poòr Yorick! Ich besuchte dein Grab, und fand, wie du auf dem Grabe deines Freundes Lorenzo, eine Distel, die ich noch nicht kannte, und ich gab ihr den Namen: *Empfindsame Reisen durch Deutschland.* Alles hat er dem guten *Yorick* geraubt, Speer, Helm und Lanze. Nur schade! inwendig steckt der Herr Präzeptor S. zu Magdeburg. Wir hofften noch immer von ihm, er würde den zweiten Ritt nicht wagen; allein eine freundschaftliche Stimme von den Ufern der Elbe, wie er sie nennt, hat ihm gesagt: er soll schwatzen. Wir raten es ihm als wahre Freunde nicht, ob wir gleich zu dem Scharfrichtergeschlecht gehören, mit denen er so viel im 1sten Kap. seines Traums zu tun hat. Ihm träumt, er werde aufgehängt werden neben Pennylaß! Wir als Polizeibediente des Literaturgerichts sprechen anders, und lassen den Herrn Präzeptor noch eine Weile beim Leben. Aber, ins neue Arbeitshaus muß er, wo alle unnütze und schwatzende Schriftsteller Morgenländische Radices raspeln, Varianten auslesen, Urkunden schaben, tironische Noten sortieren, Register zuschneiden und andre dergleichen nützliche Handarbeiten mehr tun.

Es ist alles *unter* der Kritik, und wir würden diese Makulaturbogen nur mit zwei Worten angezeigt haben, wenn es nicht Leute gäbe, die in ihren zarten Gewissen glauben, man müsse ein solches junges Genie nicht ersticken. Um unsern Lesern nur eine Probe zu geben, welche schwere Handtierung wir treiben, dem Publiko vorzulesen, so ziehen wir einige Stellen aus. Eine kindische Nachahmungssucht, die der Herr Präzeptor mit seinen Schülern in Imitationibus Ciceronianis et Curtianis nicht lächerlicher treiben kann, gibt den Schlüssel zu allen den Palliassestreichen, womit er seinem Meister Yorick vor unsern Augen nachhinkt. Yorick empfand, und dieser setzt sich hin zu empfinden; Yorick wird von seiner Laune ergriffen, weinte und lachte in einer Minute, und durch die Magie der Sympathie lachen und weinen wir mit; hier aber steht einer und überlegt: wie lache und weine ich? was werden die Leute sagen, wenn ich lache und weine? Was werden die Rezensenten sagen? Alle seine Geschöpfe sind aus der Luft gegriffen. Er hat nie geliebt und nie gehaßt, der gute Herr Präzeptor! Und wenn er uns eins von seinen Wesen soll handeln lassen, so greift er in die Tasche und gaukelt aus seinem Sacke was vor. Ein Pröbchen Yoricksche Apostrophe. Bei Gellerts Grab findet er in der Dämmerung seine Bäckerin wieder, die ihm ehemals den Dukaten geschenkt hatte. Hier ruft er aus: »Komm mit! Und warum komm? De Gustibus non est disputandum, könnte ich hier füglich antworten: aber ich will de gustibus disputieren um mein ganzes deutsches Vaterland, wenn es sich von einem jungen Menschen will belehren lassen – zu belehren, welch einen falschen und unrichtigen Gebrauch es von den Wörtern: Du, Er, Sie, Ihr, Sie, zu machen gewohnt ist. Überhaupt zu reden ist es seltsam und lächerlich, daß man sich durch ein Sie von andern muß *multiplizieren* lassen, so wie man selbst andere damit *multiplizieren* muß – – so wie es widersinnig ist, daß ich von jemanden, als von einer ganz fremden Person, spreche, den ich vor mir sehe, höre, – – und fühlen kann, wenn ich will – – Allein Deutschland weiß das so gut, wie ich, ohne es ändern zu können – Also muß ich davon schweigen. Um wie viel aber würde nicht das Übel vermindert werden, wenn man den Gebrauch der Wörter dergestalt fest setzte.« Er führt endlich die Bäckerin in sein Wirtshaus, und legt sie schlafen. Er erwacht sehr früh und hört den Hofhund bellen. »Das war mir unleidlich – – bei jedem Hau fürchtete ich, meine Mutter würde aus ihrem Schlaf auffahren – – Ich suchte in dem ganzen Zimmer nach einem Stück Brot herum. Nichts war zu finden – – Aber sollte denn ein Hundemagen nicht Biskuit verdauen können, dachte ich – und damit eilte ich mit einem großen Stück in der Hand nach dem Hofraume – – die Bestie wollte rasend werden, so bald sie mich erblickte. – – Das ist eine Bestieκατ ἐξοχην sagte ich, und damit ergriff ich in vollem Eifer den Stock und bläuete ihm Stillschweigen ein – – Laß es gut sein, redete ich ihn nach einigen Minuten abbittend an – – Ich will dir deine Schläge reichlich vergütigen – – Die arme Bestie krümmte sich jämmerlich – – Ich wünschte, daß ich ihm keinen Schlag gegeben hätte, *oder daß mir der Hund wenigstens die Schläge zurückgeben könnte* – – Aber dachte ich bei mir selbst, vielleicht verstellt sich das listige Tier nur! Nach seiner Höhe, Länge und Dicke zu rechnen, können ihm die paar Püffe, die ich ihm gegeben habe, unmöglich so wehe tun – Noch nie hat mein von der Wahrheit in die Enge getriebenes böses Gewissen eine so feine Ausflucht ersonnen.« (Ein schöner Pendant zu Yoricks Szene mit dem Mönch!) »Der Hund fuhr fort zu winseln – – hätte ich gestohlen, und man ertappte mich auf frischer Tat, so glaube ich immer es würde mir nicht ängstlicher zu Mute sein, als mir bei dem Lamento des Hundes war« – – Endlich wird der Hund mit Eau de Lavande begossen; – – denn der Herr Präzeptor sieht Blut – – »Der Hund ließ mit sich machen. Er roch den lieblichen Geruch des Wassers und leckte, und wedelte mit dem Schwanze – – Nun konnte ich mich nicht länger erhalten ihn zu streicheln, ob ich gleich für seinem Bisse noch nicht sicher war – – *Eine so großmütige Überwindung des erlittenen Unrechts schien mir einer kleinen Gefahr mehr als zu würdig zu sein*. Die Hundegeschichte hatte in meiner Seele eine kleine Säure zurück gelassen, die mit den Freuden schlechterdings inkompatibel war, die ich dem angebrochenen Tage bereits en gros bestimmt hatte. Ich suchte sie los zu werden, und folglich war ich sie auch schon halb los – – Es kam darauf an, daß sich meines Wirts Küchenmagd aus ihren Federn erhob. Sie tat es – – Ich überraschte sie in ihrem Neglige, und machte dadurch sie und mich so beschämt, daß ich ihr geschwind ein Stück Fleisch für den Hund abforderte« etc. etc. Der Mann hat auch ein Mädchen, die er seine *Naive* nennt, und er tut wohl daran, wie jener, der auf sein Schild zum Bären schrieb: *das ist ein Bär*. Ein Gemälde von der schönen Naiven! Sie fragt ihn, ob es sein Ernst sei, wenn er sagt daß sie ihn zum glücklichsten Sterblichen mache – – »Sie zog mich ans Fenster – – nickte mit dem Kopfe, daß ich mich bücken sollte – – ergriff mich mit beiden Händen bei dem Kinne – – drehte meinen Kopf langsam hin und her – – Ihre Augen fielen bald in die Fronte, bald in die Flanke der meinigen – – diese drehten sich allemal nach der Seite der Attaque.«

Von *Wendungen* eine Probe! »Jedoch ut Oratio mea redeat, unde – – O küssenswürdiger Cicero, durch dieses herrliche Kommandowort denke ich von meiner Abschweifung eben so geschwind wieder nach Hause zu kommen, als eine Kugel in die Köpfe der Feinde durch Tann, Tapp, Feuer.« – – Endlich bekommt der Verf. S. 73. ein *ganzes Bataillon Kopfschmerzen*, weil er was erfinden soll; und wir und unsere Leser klagen schon lange darüber.

Leipzig

Journal für die Liebhaber der Literatur. 2tes Stück, bei Christian Gottlob Hilscher, 8.

Schulübungen, und zwar von der elendesten! *Virgil* und *Horaz* werden in die schwerfälligste Prose zerstückt, und auf dem Sylbenmaß von *Ramler* und *Zachariä* die deutlichsten Worte hergezählt. Ich möchte nicht der Herr Senator *Lochner* in Görlitz sein, dem das Ding zugeschrieben wird.

Dresden und Leipzig

Thrasybulus. Oder von der Liebe zum Vaterlande. Bei Johann Nic. Gerlach Witwe und Sohn, 1771. 8. 56 S.

Eine Schulchrie, die ohngeachtet sie nur drei und einen halben Bogen beträgt, doch zum Durchlesen viel zu lang ist. Wir dachten indessen bei ihrem Anblick, da wir sahen daß sie gut gedruckt war, und eine saubere Vignette hatte, wie der Abbe Olivet, wann er mit allem seinem Enthusiasmus vor die Schönheiten der Alten, die Menge Menschen zu einer schlechten Tragödie stürzen sähe: Cela ne fait point de mal à personne.

Leipzig

Die Jägerin ein Gedicht. 1772

Der Rhein, ein Eichenwald, Hertha und Gefolge, dazu der Name Wonnebald charakterisieren es zum *deutschen* Gedicht. Wir erwarteten hier keine *markige Natur unsrer Älterväter*; aber auch nicht das geringste *Wildschöne,* trutz Titel und Vignette nicht einmal *Waidmanns Kraft,* das ist zu wenig. Des Dichters Wälder sind licht, wie ein Forst unsrer Kameralzeiten, und das Abenteuer verpflanztet ihr so glücklich in ein Besuchzimmer, als nach Frankreich. Auch hat der Mann gefühlt, daß seine Akkorde nicht mit Bardengewalt ans Herz reißen. Die spröde Kunigunde, der er lang sein Leidenschäftchen vorgeklimpert, schmilzt endlich und spricht: *Ich liebte dich geheim schon längst*! Notwendig zur Wahrscheinlichkeit der Entwicklung, nur kein Kompliment für die Harfe. Wir bedauern, daß der Dichter, wie noch mehr Deutsche, seinen Beruf verkannt hat. Er ist nicht für Wälder geboren. Und so wenig wir das Verfahren seines Hrn. Vaters billigen, der in dem angehängten Traumlied, mit leidiger Grabmisanthropie, ihm die Harfe zertritt; so sehr wir fühlen, daß sie das nicht verdient; so sehr wünschten wir, er möge sie gegen eine

Zitter vertauschen, um uns, an einem schönen Abend, in freundlicher Watteauischer Versammlung, von Lieblichkeiten der Natur, von Niedlichkeiten der Empfindung vorzusingen. Er würde unsre Erwartung ausfüllen, und wir ihn mit gesellschaftlichem Freudedank belohnen.

Leipzig

Vermischtes Magazin eine Wochenschrift, bei Bischel, 1. Band 6 Stücke 8. 380. S.

Eine Gesellschaft von (vermutlich) Studenten, wirft hier die Mücken, die sie in ihren Nebenstunden mit Pfeilen erschossen haben, aus dem Fenster ins Publikum. Man kann es wirklich keinem Menschen übel nehmen, wenn er in den Stunden, da er sonst nichts getan hätte, Bücher schreibt; doch, wenn er es nicht besser macht, als die Verf. dieses Magazins, so raten wir ihm immer, sich einen andern Zeitvertreib zu suchen. Wenn man unter so vielen Steckenpferden zu wählen hat, so ist es in der Tat Eigensinn, gerade auf das zu steigen, welches nie so ganz Steckenpferd ist, um nicht auch oft den Reuter sehr unsanft abzuwerfen. Es kommen in diesem Magazin prosaische Verse, und gereimte Prosa, Satyren, Betrachtungen, Epigramme und sogar auch ein prosaisches Heldengedicht *die Reformation* vor, welches nebst allem übrigen, was wir die Geduld hatten zu lesen, unter der Kritik ist. Wir schweigen also davon - - Aber Eins müssen wir sagen, die Verfasser trotzen sehr auf ihren Eifer für die Religion. Wir loben sie deswegen; doch bitten wir sie zugleich, erst zu lernen, was Religion ist. Denn in allen ihren so genannten geistlichen Aufsätzen und Versen glimmt nicht ein Funken davon; und man ist endlich das Geleier von der Tugend und Religion überdrüssig, wo der Leiermann mehr nicht sagt als: wie schön ist die Tugend! wie schön ist die Religion! und wie ist die Tugend und Religion doch so schön! und was ist der für ein böser Mensch, der nicht laut schreit: sie ist schön u.s.w. Was tun die Leute, die so ohne Gefühl mit den heiligsten Dingen tändlen, was tun sie anders, als daß sie einem blauen Schmetterling nachlaufen? Und mit aller ihrer Schwärmerei werden sie doch keinen Pedrillo bekehren.

Leipzig

Ernst Christian Westphals, der Rechte und Philosophie Doktor und der erstem ordentlichen Professor, *Versuch einer systematischen Erläuterung der sämtlichen römischen Gesetze vom Pfandrechte.* In der Weygandischen Buchhandlung, 1770. 8. 456. S.

Herr W. wird uns verzeihen, wenn wir sein Buch nicht mit dem vollen Munde loben, wie andere Journalisten getan haben. Wir haben nun einmal so unsern eignen Kopf, und ein Mensch, der durch das Präjudiz des Journalistenansehens gefesselt wird, kommt uns gerade so lächerlich vor, als der Knabe, der sich von seinem Schulmeister zur Strafe mit einem Faden Zwirn an den Ofen binden läßt; doch zur Sache. Das Buch besteht aus Text und Noten. Der *Text* ist eine systematische Abhandlung vom Pfandkontrakt und Pfandrecht. In den *Noten* werden die Sätze des Textes mit Gesetzen dokumentiert, die der V. wörtlich anführt, auch größtenteils erläutert, so daß man die sämtlichen Gesetze aus dem corpore juris vom Pfandrecht auch die fugitiven, hier beisammen findet. Die systematische Abhandlung ist nicht übel; aber, die Erläuterung der Gesetze nicht selten sehr seicht und unzulänglich. Und dies war kein Wunder! Die literarischen Kenntnisse des Verf. waren, als er das Buch schrieb, höchst eingeschränkt. Er kannte beinahe keine kritische Schriftsteller, als den *Cujaz* und *Anton Faber* (welchen letzten er in Parenthesi zu merken, für den Autor der Semestrum hält, s. die Einleitung auf dem vierten Blatte.) Als er mit seiner Arbeit fertig war, lehrte ihn *Hommels* corpus juris cum notis variorum, daß es auch noch andere Kommentatoren über die Gesetze vom Pfandrecht gibt. Er brachte also die Erklärungen, die er hier noch kennen lernte, zu großer Beschwerlichkeit des Lesers in einen *Anhang*. Was aber Hommel nicht angeführt hat, kennt auch Herr W. nicht. *Beyma* der doch über die sämtlichen Titel der Pandekte und des Codicis vom Pfandrechte kommentiert und ebenfalls alle einzelne Gesetze erläutert hat, ist ihm ein unbekannter Mann. Bei dem L. 8. quibus in causis hätte billig Herr *von Lüttichau* angeführt werden sollen. Doch wer kann die *Unterlassungssünden* unsers Verf. alle zählen? Will man eine Probe von seiner Denkart haben, so lese man die erste Stelle, die uns auffällt, Seite 149. Wenn die Frage zu beantworten ist: Was hat ein Mündel für ein Recht auf eine Sache, die mit seinem Gelde erkauft worden ist? so ist ein Unterschied zu machen, ob jemand mit dem Gelde, das dem Pflegbefohlnen noch eigen war, gekauft, oder ob der Pupill jemanden Geld zur Erkaufung einer Sache vorgestreckt hat. Im ersten Falle hat entweder der *Vormund* oder *ein anderer*, der das Geld des Pupillen in Händen hat, etwas damit *für sich* erkauft. Hat der *Vormund* gekauft: so kommt dem Pupillen eine stillschweigende privilegierte Hypothek, auch utilis actio ad vindicandum zu; sie entstehe nun aus einem Eigentum, wie einige wollen, oder unmittelbar aus der Billigkeit, wie andere glauben. Hat *ein anderer* mit des Pupillen Geld etwas für sich erkauft, so muß man billig ein gleiches behaupten. Leihet endlich der Pupill Geld zu Erkaufung einer Sache weg: so findet das gemeine Recht statt, er hat keine Legalhypothek, aber sein Pfandrecht ist privilegiert, wenn er sich *ausdrücklich* eins geben läßt. So denken wir uns die Sache in ihrer Ordnung. Nun lese man unsern V. im angeführten Ort, und urteile! Nur etwas aus dieser Stelle anzuführen. »Das letztere Gesetz (L. 7. pr. qui pot. in pign.) sagt er, erklärt man gemeiniglich von dem Fall, da der Ankauf mit des Mündels Gelde nicht von dem Vormunde sondern von einem dritten geschehen. Man behauptet, daß auch in diesem Falle ein Unmündiger eine stillschweigende Hypothek habe. Der Beweis aber ist sehr schwach, (Wir dächten nicht.) Wenn die Absicht des Gesetzes wäre, dem Mündel ein stillschweigendes Pfandrecht in diesem Falle zu erteilen: so gehörte es unter den Titel In quibus caus. pign. nicht aber unter den, worunter es steht.« (ein seltsames Argument! Das Pfandrecht von dem wir reden ist ein stillschweigendes *privilegiertes*. Warum konnte denn davon nicht im Titel qui potiores in pign. geredet werden?) »Überdem ist es aus dem 3. Buch der Disputationen des Ulpians genommen, in welchem nicht von stillschweigenden Hypotheken, sondern von der Rangordnung der Gläubiger geredet worden. (Aus gleichem Grunde schwach!) Außerdem ist auch mit keinem Wort eines dritten Mannes, der die Gelder des Pupillen verwendet hätte, gedacht.« Eben darum weil das Gesetz ganz allgemein sagt: si nummis pupillorum res comparata, so kann man keinen Unterschied machen, ob der Vormund oder ein anderer die Gelder des Mündels verwendet hat. Wir müssen aus Mangel des Raums abbrechen. Kurz, Reichtum an Begriffen hat unser Autor, aber sie sind oft nicht tief eindringend, nicht gründlich genug. Und lucidus ordo? Nun, man lese das Buch und fühle sich an die Stirne!

Kupferstiche

Les douceurs de l'Eté von Moitte nach *Boucher* in einem ovalklein Folio. Die schönste Bouchersche Figur, die nackend da sitzt wie sie aus dem Bade kommt, und sich von der Aufwärterin abtrocknen läßt. Auf einem Piedestal sieht man zween Jungen, die mit einem Ziegenbock spielen. Die Aussicht ist ganz mit Gesträuch geschlossen.

Le Fanal exhaussé. Eins der trefflichsten Blätter *Vernets* von *Willem Byrne* gestochen. Sechs der schönsten Vernetschen Figuren ziehen eine Schaluppe mit allen Kräften ans Land. Das Meer ist in voller Bewegung, und man sieht aus der Angst der am Ufer stehenden Personen, und einem Schiffe, das in Gefahr ist, wie notwendig die Errichtung des Leuchtturms war, von dem das Blatt den Namen führt. Das linke Ufer, wo er auf einer Anhöhe steht, ist mit den schönsten Ruinen bedeckt.

Cassel

Carl Philipp Kopps, Fürstlich Hessen-Casselischen Oberappellationsgerichtsrats, *ausführliche Nachricht von der älteren und neueren Verfassung* der geistlichen und Zivilgerichte in den Fürstl. Hessen-Casselischen Landen. Erster oder historischer Teil Im Verlag bei Johann Jacob Cramer, 1769. 4. 4½ Alph. Anderer oder praktischer Teil. Ebendaselbst 1771. 4. 2½ Alph.

Ein klassisches Werk, das einen wahren Kenner der vaterländischen Rechte ankündigt; einen Mann, der nicht gleich manchen, si dis placet! herrlichen Germanisten, aus *Hert, Senkenberg, Grupen, Dreyer, Olenschlager,* wie die Apotheker eine Mixtur aus Gläsern und Büchsen, sein Buch zusammen geschüttet hat; einen Mann, der aus den Quellen, den ehrwürdigen deutschen Rechtsbüchern, aus der Geschichte, aus Urkunden geschöpft hat; der Forscher und Denker ist, der mit seiner Belesenheit den Leser unterrichtet und unterhält, ihn nicht ermüdet und zerstreut, ihm nicht den Wunsch auspreßt: O daß doch der Mann nicht so gelehrt sein möchte! Man wird in einer gelehrten Zeitung weiter nichts als eine kurze Anzeige des Inhalts erwarten. Der *erste Band* besteht aus 4 Stücken. *Das erste* enthält eine Geschichte des Hessischen Landrechts in den mittleren Zeiten. Hessen war in zwei pagos, den *Sächsischen* und

Pressburg

Neue Schauspiele aufgeführt in den Kaiserl. Königl. Theatern zu Wien. Erster Band, 8. 1 Alph. 2 Bog.

Diese Sammlung enthält fünf Drame, oder Schauspiele, oder Lustspiele, oder Trauerspiele - - die Verf. wissen so wenig als wir, was sie daraus machen sollen, aus der Wiener Manufaktur. In allen hat tragikomische Tugend, Großmut und Zärtlichkeit so viel zu schwatzen, daß der gesunde Menschenverstand und die Natur nicht zum Wort kommen können. Hier ist der Inhalt der Stücke; denn wir wollen sie nicht umsonst gelesen haben. *Die Kriegsgefangnen*: wenn nicht die Festung gerade in dem letzten Auftritt der letzten Handlung glücklich an die Freunde der Kriegsgefangnen übergegangen wäre; so hätte ein entlaufner Feldwebel einen Haufen sehr moralisch sententiöser Leute, wider seinen Willen und wider alle Theatergerechtigkeit, an den Galgen gebracht. *Gräfin Tarnow*: Zwei entsetzlich Verliebte wären nimmermehr ein Paar geworden, wenn nicht durch eine gewisse Exzellenz ein Wunder geschehen wäre, dergleichen nur auf der *Wiener Nationalschaubühne* erhört worden sind. Schade, daß die Exzellenz einen Schuß bekommt! Doch nicht Schade, sie wäre sonst am Ende der Welt gewesen, ehe das Wunder zu Stand gekommen wäre, und dann weiß der Himmel, wie die Verliebten geheult haben würden.

Hanchen. Ein Herzog, ein Graf und ein Kammerdiener reißen sich um ein Mädchen. Der Kammerdiener wird vom Herzog erstochen; Der Herzog, der dazu schon eine Frau Herzogin hat, und des Mädchens Oncle ist, doch ohne es zu wissen, versteht sich wegen des decorum, der Herzog läßt sich unter einem falschen Namen von einem Betrüger mit dem Mädchen trauen, wird aber durch hundert tausend Dinge gehindert die Decke zu beschreiten; und da also das Mädchen nach deutschen Rechten noch immer eine Jungfer bleibt; so heuratet sie den Grafen; Man schießt, sticht, heult, zankt, fällt in Ohnmacht und auf die Knie, spricht Sentenzen, versöhnt sich und, wie am Schluß versichert wird, *alle bezeugen ihre Freude, daß der Vorhang zufällt*.

Der ungegründete Verdacht. Ein Lord wird durch einen halben Brief ein Narr, und durch die andere Hälfte wieder gescheid.

Der Tuchmacher von London. Einen Augenblick später und Lord Falkland, und Vilson lagen in der Themse; dann gute Nacht Fanny,

Sonbridge, Julie, Henrich, Betsi, David und den ehrlichen Tuchmachern!

Von dieser Sammlung soll nächstens der zweite Teil nachfolgen; denn seit dem Thalia und Melpomene durch Vermittlung einer französischen Kupplerin mit dem Nonsense Unzucht treiben, hat sich ihr Geschlecht vermehrt wie die Frösche!

Kupferstiche

Recréation de la Table von *Jordans,* und von *Moitte* gestochen. Ein Alter singt mit der Brille, ein junger Kerl spielt auf dem Dudelsack, verschiedene Kinder auf Pfeifen, eine Frau singt nach Noten. Das Trinkgeschirr auf der Tafel ist sehr gut gearbeitet, und überhaupt alles weit angenehmer und liebreicher behandelt, als in dem Roi de la feve. 6. Livres.

Jena und Leipzig

Caroli Friederici Walchii, introductio in controversias juris civilis, recentiores inter JCtos agitatas, sumtibus Straussii, 1771. 8. 426 S.

Wenn dieser Autor nur die neueren Kontroversen beschrieben hätte, die von den juristischen Polemikern noch nicht erzählt sind; oder wenigstens, wenn er nicht bloße Supplemente schreiben wollte, etwas besseres als seine Vorgänger geliefert, die noch nicht beschriebenen neuen Streitigkeiten vollständig abgehandelt hätte; so könnten wir ihn loben: Da er aber das alles nicht getan hat, nun, so lobe ihn, wer da kann und will! Uns sind *Walchs* Controversiae, nach *Vinnius* und *Cocceji,* eine Iliade nach dem Homer; eine Sammlung von Fragen, worüber noch niemand gestritten hat, sondern wo es nur dem V. beliebt, etwas anders als alle Rechtsgelehrten zu glauben, z. B. Seite 186. §. 14. Fragen, über die kein vernünftiger Mensch je im Ernste streiten wird, z. B. ob die Weiber Menschen sind? S. 16. Fragen, die von andern schon unendlich besser beurteilt sind, z.B. S. 350. bei denen der Verfasser nicht einmal sich das kleine Verdienst gemacht hat, die neueren Schriften wenigstens zu suppplieren, z. B. S. 234. §. 16. da ist nichts von *Hert, Pufendorf, Cramer,* etc. Endlich eine Sammlung, worin nicht wenige der neuesten und merkwürdigsten Kontroversen fehlen. Nur die anzuführen, die uns sogleich beifallen, nicht ein Wort von dem Streit: ob die Sukzession in die Güter der Abwesenden ex nunc oder ex tunc geschieht? ob das Vermächtnis verloren geht, wenn man ein Testament als inofficiosum impugniert und verloren hat? von *Ludovici* und *Böhmers* Streit über die Unterschreibung der Testamente auf dem Couvert? von *Böhmers* und *Dunius* Controvers über die Codicille? *Böhmers* und *Averanius* über die Renunziation auf den Vellejanischen Ratsschluß, und, welches das aller unverzeihlichste ist, nichts von *Grupens* Streitigkeit mit den beiden *Böhmer,* Vater und Sohn, wegen der pupillarischen Substitution? *Ickstatts* und *Cramers* wegen der Komputation der Läsion über die Hälfte? etc. etc. Mit einem Worte, Herr *Walch* hätte etwas besseres als dieses Werkchen schreiben können; denn er hat schon wirklich bessere Dinge geschrieben.

Leipzig

Wie soll ein junges Frauenzimmer sich würdig bilden? 1772. 8. 64. S.

Zwei und sechzig moralische Gesetze oder Maximen; das ist Drähte, an welchen weibliche Marionetten gezogen werden sollen. Die Natur hat uns Federn gegeben: Warum will man diese nicht lieber bearbeiten, diesen nicht lieber ihr freiwilliges Spiel geben? Im Vorbericht verspricht der Verf. *Alltagsgedanken,* mit ausdrücklichen Worten; wir haben aber doch einen neuen Gedanken gefunden, den wir noch bei keinem Moralisten gelesen haben. Der Verf. rät nämlich in der 39. Maxime dem teuren Annchen, dem er sein Werkchen widmet, ihre *Mienen vor ihrem Spiegel* zu studieren. Wir bitten unsere und des Verfassers Leserinnen, sich nur zu guten Empfindungen zu gewöhnen, und dann ihre Mienen laufen zu lassen, wie sie wollen.

München

Brauns H. Versuch in prosaischen Fahlen und Erzählungen. 1772. 8. 187. S.

Diesen Fablen hat der Herr Verf. für seine Landsleute eine kleine Theorie angehängt, weil, sagt er, nicht ohne Selbstgefälligkeit; »vielleicht etliche junge Leute sich hervortun, und ihm Fabeln nachschreiben könnten, so wie gleich etliche Bändchen freundschaftlicher Briefe erschienen wären, seit dem Er einen Versuch in freundschaftlichen Briefen geschrieben hätte; Diesen jungen Leuten nun, meint er, wären die echten Begriffe von der Fabel sehr nötig.« – – *Nötig* sind sie freilich, sowohl den bösen jungen Leuten, die Hrn. B.

Fablen nachschreiben, als allen andern, die sich ohne Genie in dieses Feld wagen; aber aus Hrn. B. Theorie werden sie eben nicht sehr erleuchtet werden. Er sagt: »die Fabel wäre eine kurze erdichtete, meistenteils tierische Handlung, worunter ein gewisser Satz aus der Sittenlehre verborgen liege.« Unbestimmter kann man wohl nicht erklären. Uns dünkt überhaupt, man hat die Theorie von der Fabel noch nicht genug auseinander gesetzt. Wir glauben, daß sie im Anfang nichts war, als eine Art von Induktion, welche in den glücklichen Zeiten, da man noch nichts von dem *dicto de omni et nullo* wußte, die einzige Weisheit war. Wollte man nämlich andere belehren oder überreden, so zeigte man ihnen den Ausgang verschiedener Unternehmungen in Beispielen. Wahre Beispiele waren nicht lange hinlänglich; man erdichtete also andere, und weil eine Erdichtung, die nicht mehr sagt als vor Augen steht, immer abgeschmackt ist, so ging man aus der menschlichen Natur hinaus, und suchte in der übrigen belebten Schöpfung andere tätige Akteurs. Da kam man auf die Tiere, und so fabulierte man fort, bis die Menschen mehr anfingen, zu räsonieren, als zu leben. Nun erfände man Axiomen, Grundsätze, Systemen, u. d. gl. und mogte die Induktion nicht mehr leiden; zugleich entstünde das Unding der honetten Kompanie, zu welcher sich Dichter und Philosophen schlugen. Diese wollten der Fabel, die mit der Induktion gefallen war, wieder aufhelfen. Sie schminkten sie also, puderten sie, behängten sie mit Bändern, und da kam das Mittelding zwischen Fabel und Erzählung heraus, wodurch man nun nicht mehr lehren, sondern amüsieren wollte. Endlich merkte man, wie weit man sich von der ersten Erfindung entfernt hatte. Man wollte zu ihr zurückkehren, und schnitte die Auswüchse ab; allein, man konnte doch mit der Induktion nicht fort kommen, und behalf sich also mit dem bloßen Witz; da wurde die Fabel Epigramm. – – So würde die Geschichte der Theorie aussehen, die wir von der Fabel schreiben würden. Beispiele von der letzten Gattung würden wir genug in Hrn. B. Fablen antreffen. Wir würden aber schwerlich welche daraus wählen; denn die meisten sind entweder schlecht erfunden, oder abgenutzt, oder falsch, oder alltäglich. Hr. B. verspricht noch eine weitläufigere Theorie von der Fabel. Sollten wir aus diesem Versuch auf ihren Wert schließen, so wollten wir sie verbitten; aber – – *liceat perire poetis*! und warum sollte Hr. B. auch nicht so viel Recht haben zu dichten und zu theoretisieren, als andre?

Kupferstiche

Von *Schenau* gemalt und von *Halbou* gestochen zeigen wir die *Intrigues amoureuses* an. Hier steht ein junger Mensch in dem galantesten Morgenhabit, der aber eine lange Art von Regenmantel mit einer Kalesche übergezogen hatte, um unter Frauengestalt eingelassen zu werden; er reicht einer reichgekleideten Dame zwei Täubchen dar, die auf einem Sprengel sitzen, und einen Brief umhängen haben. Die Dame hält mit der einen Hand dem Schoßhund, der bellen will, das Maul zu, und scheint mit Gefälligkeit zuzuhören. Die Confidente ist nicht vergessen.

Angelique et Medor, von *Blanchard* gemalt, und von *Voiés* dem ältern gestochen. Die beiden Liebhaber des Rolando furioso sind in der Stellung, wie sie ihre Namen in die Bäume schneiden. Sie sieht man von hinten, ihn von der Seite. Die Stellung von beiden hat viel Grazie; nur der Rücken des Mädchens oben ist zu breit gehalten, und die von der Seite gesehene Brust ein wenig Ammenmäßig.

Kupferstiche

Ein Blatt, *die drei Apostel* unterschrieben, nach *Mich. Angelo* von *Caravaggio*, von *Oesern* gezeichnet, von *Bausen* radiert.

Ein Blatt, das weder Künstler noch Liebhaber entbehren kann. Das *Beisammensein* in einem Geist, dreier, durch brüderlichste Mannigfaltigkeit charakterisierter, menschenfreundlichedler alter Köpfe; solch eine Seelenruhe durch eine dämmernde Haltung drüber gehaucht. Es ist das empfundenste Kunstwerk, das uns seit langer Zeit vor die Augen gekommen. Auch lallen wir nur eine Anzeige, um jeden wahren Liebhaber einzuladen, mit uns die Freuden der Empfindung und Erkenntnis zu genießen, die eine anhaltende Betrachtung solch eines Werks, einer fühlenden Seele reichlich gewährt.

(Ist in der Andräischen Buchhandlung allhier zu haben für 1 fl. 45 kr.)

Kupferstiche

Sieben Lebensszenen des heil. Gregorius nach *Vanloo* von verschiednen Meistern gestochen.

1. *St. Gregoire distribue son bien aux pauvres.* Die Frau die ein Stück Geld von ihm empfängt, ein Kind mit ausgereckten flehenden Ar-

men, und ein kleineres zwischen ihren Knien, das sich ein Stück Brot schmecken läßt, machen eine gefällige Gruppe.

2. *St. Gregoire retiré dans une Caverne*. Er wendet sich von dem Boten, der ihm die Nachricht der Erhebung zur päpstlichen Würde bringt, mit Ängstlichkeit, fast möchten wir sagen, Abscheu. Das Ganze wäre auch sinnlicher geworden, wenn der Künstler die Schlüssel Petri, als die natürlichste Allegorie, hätte bei dieser Gelegenheit brauchen wollen.

3. *St. Gregoire fait des prières publiques*. Sollte in der Ordnung das zweite sein, und ist dem Wert nach das erste. Eine Prozession um Abwendung der Pest, der trockenste Gegenstand. Und hier findt der Genius einen Standort, hascht einen Augenblick, ruft einen Lichtstrahl herein, fesselt uns mit poetischer Magie. Ein Sterbender liegt einem Weibe mit dem Kopf auf dem Schoß, das Hochwürdige, der Zug ist vorbei in eine absteigende Ferne hingewallt; der Jüngling im geistlichen Feierkleid eine Kerze in der Hand, tritt in seiner Ordnung, mit der edelsten Einfalt heran. Ein warmer Blick wendet sich vom Sterbenden gen Himmel, und seine Gestalt und Empfindung wird durch einen unbedeutenden Prozessionsgesellen, ohne Kontrast auf das würksamste erhoben.

Michelangelo da Caravaggio

Die drei Apostel

Radierung von Johann Friedrich Bause nach einer Zeichnung von Adam Friedrich Oeser

4. *St. Gregoire élu Pape, reçoit l'adoration des Cardinaux*. Wohl gezeichnete Figuren, wohl gekleidet und geordnet. Mehr aufmerksame Ergebenheit hätten wir den hintern Personen gewünscht.

5. *St. Gregoire dicte ses Homelies*. Wohl beleuchtet!

6. *St. Gregoire obtient un miracle à la Messe*. Mehr der Gegenstand als die Ausführung macht das Blatt wichtig.

7. *St. Gregoire dans lagloire*. Ist platfond; die Figuren sind wohl verkürzt, und die Gruppe hebt sich leicht.

Wien

Über die Liebe des Vaterlandes, von *J. v. Sonnenfels*. 1771, 8. 131 S.

Haben wir ein Vaterland? Die Frage an sich wäre schon ein schlimmes Zeichen, wenn die unzufriedne Übersichtigkeit der Menschen nicht dafür bekannt wäre, daß sie oft die ganze Welt durchsucht und ausfragt, nach Dingen, die ihr vor den Füßen liegen.

Eine *akademische* Schrift unter dem Vorsitze J. v. S. in der K. K. Theresianischen adelichen Akademie, nebst 75 Lehrsätzen aus der Polizeihandlung und Finanz, verteidigt von 4 bis 6 Uhr! Da war ihre Bestimmung vollendet, das hätte auch ihr Lebensziel sein sollen, und sie hätte ruhen mögen bei ihrer großen Familie, bis an jüngsten Tag.

Über die Liebe des Vaterlands in Form eines Traktats, fürs deutsche Publikum!

Die ewigen mißverstandnen Klagen nachgesungen: »Wir haben kein Vaterland, keinen Patriotismus.« Wenn wir einen Platz in der Welt finden, da, mit unsern Besitztümern zu ruhen; ein Feld, uns zu nähren; ein Haus, uns zu decken; haben wir da nicht Vaterland? und haben das nicht tausend und tausende in jedem Staat? und leben sie nicht in dieser Beschränkung glücklich? Wozu nun das vergebene Aufstreben nach einer Empfindung, die wir weder haben können noch mögen, die bei gewissen Völkern, nur zu gewissen Zeitpunkten, das Resultat vieler glücklich zusammentreffender Umstände war und ist.

Römerpatriotismus! Davor bewahr uns Gott, wie vor einer Riesengestalt! wir würden keinen Stuhl finden, drauf zu sitzen; kein Bett, drinnen zu liegen. Nachdem Herr S. in den zwei ersten Hauptstücken, allerlei Empfindungen, Eigenliebe, Stolz, Beschränkung, Anhänglichkeit und dergleichen, mit Nationalzügen mancherlei Völkerschaft wohl durch einander gerührt, und mit historischen Bonmots, und Chronikenmärchen à la Zimmermann und Abbt, fein gewürzt, macht er im dritten, nach einem Kameral-Anschlag, die Vorteile bekannt zur Einpflanzung der Vaterlandsliebe, aus dem Lande, das eine Nation bewohnet:

	Jagd	
	Fischerei	
	Viehzucht	
Was trägt	Feldbau	zur Vaterlandliebe bei?
	eben Land	
	gebirgigt Land	
	unfruchtbares Land	

Da kommen nun die jagenden und streifenden Völkerschaften am übelsten zurecht. Und hier müssen wir anmerken, daß H. S. durch das Wort *Vaterland* verführt, durchaus zu sehr, als glebae adscriptus diskuriert, und wir haltens noch immer mit dem Themisthokles: Nicht der Boden, sondern die Verhältnisse eines Volks, deren zwar viele auch aus dem Lande, das sie bewohnen, hervorspringen, bestimmen Nation. So haben die Juden Nation und Patriotismus, mehr als hundert leibeigne Geschlechter.

Im vierten H. St. werden den Gesetzgeber Handgriffe gelehrt. *Lykurg, Solon, Numa,* treten als *Collegae Gymnasii* auf, die nach der Kapazität ihrer Schüler Exercitia diktieren. In den Resultaten des Lebens dieser großen Menschen, die wir noch dazu nur in stumpfen Überlieferungen anschauen, überall *Principium, politisches Principium, Zweck* zu sehen; mit der Klarheit und Bestimmtheit, wie der Handwerksmann Cabinetsgeheimnisse, Staatsverhältnisse, Intriguen, bei einem Glase Bier erklärt, in einer Streitschrift zu erklären! – Von Geheimnissen, (denn welche große historische Data sind für uns nicht Geheimnisse?) an welche nur der tieffühlendste Geist mit Ahndungen zu reichen vermag, in den Tag hinein zu raisonnieren! – Es wird alle Tage schlimmer. Ehmals gab man nur Gelehrsamkeit in solchen Schriften Preis; an der war doch nichts fürs Menschengeschlecht verloren: jetzt mißhandlen die Herren guten Sinn und Empfindung.

Durchaus werden die Gesetze *en gros* behandelt; alle Nationen und Zeiten durcheinander geworfen; unsrer Zeit solche Gesetze gewünscht und gehofft, die nur einem erst zusammengetretenen Volk gegeben werden konnten. Und man sieht nicht, daß man in die Luft redt, und ausgezischt zu werden verdient, wie einer, der Damen im Reifenrocke Evas Schürzchen vorpanegirisieren wollte.

Fünftes Hauptstück. Regierungsformen nach wohl skelettierter Tabellarischer Terminologie, was sie zur Verbreitung der Vaterlandsliebe beitragen mögen.

Und nun *zuletzt* im sechsten Hauptstück, gehn die *Mitbürger* so *drein,* und auch hier alles *ut supra. Familiengefühl,* diesen *Hauptstamm,* auf den alles ankommt, dessen Boden *nur* das Vaterland ist; Regierungsart, die Luft, die ihn umgibt, *davon* alle andre Empfindungen Zweige sind, von *dem* man ausgehen, *dahin* man zurückkehren muß, auch, um nur das gemeinste zu sagen, *hier* als ein *Heckchen* zu betrachten, das doch *auch* mit am Wege steht, und im Vorbeigehn einen Blick verdient!

Am sonderbarsten ist uns vorgekommen, daß H.S. das Anfassen der Landsleute in der Fremde auf Rechnung der Vaterlandsliebe schreibt, da das doch grad dagegen deponieren könnte. Zuletzt verspricht er *leichtgezeichnete Skizzen* von Patrioten.

Man ehrt in den Skizzen großer Meister, den reinen Hauch ihres Geistes, ohne irgend eine Hülle. Leider! müssen wir hier auf unser Gewissen beteuern, daß wir, wie in den Gemälden des Verfassers, nichts denn *willkürlich hingesudelte Striche* haben wahrnehmen können. *Portraits!* Freilich immer noch so charakteristisch, als die zwölf Apostel in Holzschnitt, die man, trotz aller venerablen Verzerrung, wenigstens an ihren Schlüsseln, Schwertern, Kreuzen und Sägen unterscheidet.

Halle

Leben und Charakter Herrn Christian Adolph Klotzens, entworfen von Carl Renatus Hausen. 1772. 8. 93 S.

Wären die Biographen von jeher so gestimmt gewesen, wir würden so viel Beschwerden über zu hochgespanntes Lob nimmer gehört haben. Man kann dem Verf. nichts weniger vorwerfen, als die Idealisierung seines Helden. Wo andre den Menschen auf Dichterfittigen emportragen, läßt er ihn geruhig sinken, oder gibt ihm wohl gar einen Stoß zu Beschleunigung seines Falls. Armer Klotz, in welcher erbärmlichen Gestalt wirst du vors Publikum hingelegt. Kein Mann von Genie, das heißt ohne Fähigkeit, neue große Ideen aus der Tiefe zu heben, eine lebhafte Einbildungskraft andrer Erfindungen zu benutzen und zu detaillieren, doch ohne Applikation, ohne anhaltenden Fleiß. Gelehrsamkeit, aber was für? Keine ausgebreitete, sondern diffundierte, keine gründliche, sondern velitierende, nicht einmal Belesenheit im wahren Sinn. Und was hat er getan? Ein Paar Autores herausgegeben. Weiter? unbedeutende Traktätgen geschrieben. Aber sein Hauptwerk? Acta literaria. Sein Hauptwerk! Rezensieren, necken, lästern.

Und als Professor, keine Intention auf seine Lesestunden, keinen guten Vortrag dazu, und also keinen Beifall. In seinem moralischen Charakter Züge, die sich nur mit der unvergleichlichsten Inkonsequenz entschuldigen lassen. Schändliche Doppeltheiten gegen Vertrauende, die flachste Eitelkeit, Neid über Vorzüge andrer, also Mißtrauen. - - Wir mögen nicht weiter ausschreiben; wir haben mehr christliche Liebe, dann Herr *Hausen*, und sind Rezensenten.

Mußten sie denn das Wort, gewiß so leicht weggesprochen, als irgend eins des sel. geheimen Rats, und wenns zur Stunde der Empfindung gesagt war, desto schlimmer, mußten sie das Wort: *Wenn ich tot bin, müssen Sie mein Leben beschreiben - - wie ich bin in wahrem Bilde - - auch alsdann, wenn wir Feinde werden sollten.* für eines Mannes strengstes Ernstwort nehmen? War es nicht vielmehr im genauesten Sinn der Wille eines Menschen, der da spricht: *macht mit der Beerdigung meines Leibes keine Umstände.* Was wird man zum Exekutor sagen, der dem Toten auch gar sein Sterbehemde auszieht, und seine mißgestalte Nacktheit an eine Landstraße hingeworfen, den

Augen des Publikums prostituiert, und Vögeln und Hunden preis gibt? Freilich ein Leichenbegängnis *ohne Umstände.*

Wir sagen gern nichts von der Person, die Herr H. selbst in diesem Stücke spielt, uns könnte ers übel nehmen, und jeder Leser muß die Bemerkung ohne uns machen.

Ulm

Canut der Große, oder Streit der kindlichen und ehelichen Liebe. Eine Heldengeschichte. 1771.

Der Verfasser beteuert in der Vorrede: er wolle keine *geheime Geschichte,* keine *Anekdoten* schreiben, bemühe sich nicht, *neue geheime Triebfedern des Verstandes und Herzens* auszuforschen. Zugestanden, mein Herr, ohne Protestation, daß sie weder für *alte* noch *neue, geheime* noch *offenbare* Triebfedern der *obern, mittlern* noch *untern* Seele, jemals ein Auge gehabt haben. Eine Haupttugend seiner Helden preist er die Keusch- und Züchtigkeit. Welch Wunder! die ganze Gesellschaft ist eine steife Marionettennation, Panzer, Schnürbrüste und Wänste, durchaus mit Lumpen ausgestopft. Du Muster eines moralischen Volks, ohne Leidenschaft, ohne Begierde! Nicht daß wir den *schlüpfrigen Liebeserzählungen* das Wort reden, wir bedauern nur, daß der *gesittete* und *tugendhafte* Teil des zu *amüsierenden* Publikums, so schlecht bedient worden ist, seit undenklichen Zeiten bis auf den heutigen Tag.

Erfurt

Epistel an Herrn Öser/, 1771. 4to. 12 S.

Das Ding mag Ösern wohl eine muntere Viertelstunde gemacht haben, als *Gesellenscherz* hätte es uns auch gefallen; es ist nicht ganz ohne launischen, obgleich meist erzwungenen Mutwillen. Nun aber gedruckt! Uns verdreußt schon lange, *solch* einen Mann von Großen und Kleinen, nur immer als *Künstler,* und *so* bekomplimentiert zu sehen. Zwar wissen wir, er verzeihts dem Publikum; denn nie hat er auf den Beifall des gaffenden Haufens Anspruch gemacht, der unfähig ist, anders zu *kennen* und zu *nennen.*

Frankfurt am Mayn

Joachimi Hoppii Commentatio succincta ad Institutiones justinianeas. Recensuit, notas adjecit et cum introductione in lectionem Institutionum indiceque locupletissimo denuo edidit – – Walchius etc. sumptibus F. Varrentrapp 1772. 4 to. Vol. I. et II. 7 Alphab. und 1 Bogen, kostet beim Verleger 5 fl. 30 kr.

Hopp, der Sachwalter, und *Walch*, der Antiquarius! Eine so groteske Gruppe konnte niemand zu sehen wünschen, als *Ludewig*; und, Dank sei es seinem Wunsch! diese *Commentatio succincta* ist nun um ein ganzes Alphabet fetter geworden, und den ehrlichen Sachwalter- und Notarius-Seelen, die das Recht studieren wollen, ohne gerade gelehrt zu werden, ganz aus der Hand gewachsen. – – Es ist ein Unglück für eine Wissenschaft, wenn Theorie und Praxis so verschiedene Wege wandeln, daß sie sich an keinem Ende mehr berühren. Der römischen Rechtsgelehrsamkeit ist es so ergangen; und wie konnte es anders, da die Urheber derselben andere Gegenden, andere Menschen, andere Denkungsart, alles anders hatten, als wir; die wir weit klüger römische Mützen, Schuhe und Mäntel, als römische Gesetze hätten borgen sollen! Doch es ist einmal so und wird auch so bleiben, so lange die Krippen dieses Augiischen Stalles so viele ehrliche Leute mästen, und wohl mästen. Wir werden es auch nicht ändern; aber, daß man uns römische Theorie, und platte, gutherzige, deutsche Praxis auf einer Schüssel vorstellt, das kommt uns wenigstens wunderlich vor. *Hopp*, den Herr *Walch* als seinen gelehrten *patrem adoptivum* mit kindlicher Pflicht *virum summum* nennt, hatte durch seinen Kommentar ein sehr gutes Werk gestiftet, da er den Sinn seines Gesetzbuchs deutlich und so darstellte, daß jeder Sachwalter, wann ihm ein Gesetz (oder §. nennt es, wie ihr wollt) aufstieß, sich Rats erholen, den zum Grund gelegten Fall auffinden, und die Anwendung ohne große Mühe machen konnte. Das ist der Geist, in dem er schriebe; und wenn man nicht von eben dem Geist getrieben wird, so läßt man *Hopp* an seiner Stelle. Nun kommt aber Herr Prof. *Walch* dazu, und will nicht leiden, daß ein Quartant in der Welt sein soll, der bloß nutzt, ohne Gelehrsamkeit auszuduften; und in diesem gelehrten Eifer, den einige Nebenumstände von Verlegeraufträgen noch mehr belebten, setzt er sich hin, und stopft sein Buch mit so vielen Antiquitäten, Kritik, Geschichte der Gesetze, Zitationen aus Livius, Gellius, Dio Cassius, Dionysius Hal. Cujacius, Fabrotus, van Leuven, Brisonius u. d. gl. die sich wohl nie in Gesellschaft des guten *Hopps* zu finden hofften, so reichlich aus, daß es nun dem Sachwalter in allen Ecken zu groß ist, dem

Theoristen aber noch immer in allen Ecken zu klein bleibt. Wir gestehen gern, daß hier und da einige Anmerkungen vorkommen, die dem *Hoppischen* Kommentar angemessen, und nicht ohne Nutzen sind, aber den meisten, jam non erat hic locus. Wir rechnen zu diesen selbst die *Walchische* Introd. ad lect. Just. wo uns, über die Verfasser und Quellen der Inst. über ihre Lesart, Handschriften, Erklärung, Ausleger u. d. gl. eine Menge bekannter Sachen, die *Hopp* freilich wohl nie gewußt haben mag, gewiß nie lehren wollte, ohne alles Genie gesagt werden. Wir wollen nur von dem ersten Kapitel einen Auszug geben. Es wird daselbst erstens untersucht, ob Tribonianus sich mit o oder u geschrieben habe? dann lernen wir in der Folge, daß er ein gelehrter Mann war; daß man aber nicht mit Gewißheit sagen könnte, ob er Advokat gewesen sei, oder nicht, so viel aber wäre gewiß, daß er nachher die größten Ehrenstellen begleitet habe; ein guter Christ wäre er wohl nicht gewesen, und man sage auch, er habe sein Jus zu gut verstanden, um nicht geizig zu sein; aber *Procopius,* aus dem alles dieses geflossen, habe eine allzu böse Zunge gehabt, als daß man ihm glauben könne. Wer des *Theophilus* Herr Vater gewesen, und wann er seine Wallfahrt auf dieser mühseligen Welt betreten? weiß Herr *Walch* so wenig – – als wir uns darum bekümmern. Was *Dorotheus* für Ämter gehabt hat, und wo, und wann er gestorben ist? das ist sehr streitig; desto gewisser ist aber, daß *Tribonian,* oder *Tribunian,* den Vorsitz in diesem Triumvirat gehabt hat; Im folgenden Abschnitt spricht Herr *Walch* vom *Caius, in quo,* sagt er, *duo potissimum consideranda sunt; nomen atque aetas.* – – Nun, das ist doch gerade das geringste! Wir erstaunen, in allen diesen gelehrten Erörterungen nicht eine Spur zu finden, daß Herr *Walch* sich jemals hat einfallen lassen, über den Geist dieser Kompilatoren, und ihrer Zeiten zu denken; und doch dünkt uns, ist in der ganzen Geschichte der Menschheit, keine Epoche, die merkwürdiger wäre, als diese. Nicht wegen des Ursprungs des römischen Gesetzbuchs; sondern, weil man nirgend so deutlich siehet, wie viele krumme Wege der menschliche Geist gehet, ehe er seine anererbte sinnliche Begriffe bis auf einen gewissen Grad verfeinert; und wie schwer es ihm ist, den rechten Grad der Verfeinerung zu treffen, wenn er einmal im Gang ist, zu raffinieren. Was der rohe und starke alte Römer zu einer Zeit, da jeder Zweck seiner Handlung sinnlich war, erfand und festsetzte; wie haben das nachher die Prudentes, die Prätoren, und Redner durch Fiktionen und Erklärungen ausspinnen müssen, bis ein solches Gewebe zu stand kam, wie das Römische Gesetzbuch ist? Und was für eine Mikrologische Seele muß der Herr der halben Welt und seine Räte gehabt haben; als sie sich zum Webstuhl setzten, und aus solchen Fäden ein Band verfertigen wollten, das so viele Nationen zusammen halten sollte? – – Verdiente dieser in die Augen fallender Gedanke keine Rücksicht? und wäre es nicht besser gewesen, ihm nachzuhängen, als über den ehrlichen *Hopp* eine römische Olopoterie ex pipere, ligustico, mentha arida, nucleis pineis, uva passa, cariota (quae capiti nocet) caseo dulci, und dergleichen, zu machen?

Zürch

Historische Lobrede auf Johann Jakob Breitinger, ehemaligen Vorsteher der Kirche zu Zürch. Von J. C. *Lavater*. 1771. 8. 122 S.

In der Vorrede gibt der Verfasser diese Schrift für eine Übung. Wir danken ihm, daß er sie uns nicht aus unzeitigem Stolz vorenthalten hat. Welche Übung ist einem Jünglinge, der aufstrebt, würdiger als die, das Beispiel erhabner Vergangenheit, wärs auch nur einsweilen nach seinem Maß, sich und den Seinigen wieder vor die Augen zu bilden? Er wird so nie in Gefahr kommen, ein schlechtes Zeitalter für sein Publikum, und schlechte Gesellen für seine Nebenbuhler zu achten, und auf einem leicht erreichten Gipfel der relativen Vollkommenheit, in verderblicher Selbstgefälligkeit die besten Kräfte verträumen. *Breitinger* war 1575 geboren, und durch ein 70jähriges Leben wandelte er, mit gleicher Einfalt und Sicherheit; von dem Schüler zum Antistes! Wir wünschten, daß alle junge Geistliche diese Lobrede beherzigten, nicht, um diesem vorschreitenden Riesen zu folgen, sondern zu erkennen, was ein *Mann* sei. Weniger Prunk hätten wir gewünscht. Zwar sind hie und da die Betrachtungen brav, wo Herrn L. Erfahrung hinreichte; doch auch die bravsten wollten wir entbehren. Solche Sprüche sind fürs kalte Anschauen der Teile. Wir wünschten die Empfindung durch die heilige Größe des Ganzen durchdrungen und gestärkt zu sehen.

Erfurt

Launen an meinen Satyr. 8. 1772. 56 Seiten.

Launen! Das Wort ist seither, und auch diesesmal wieder jämmerlich mißbraucht worden. Da petilliert weder leichtgereizter Mutwillen eines vollsaftigen Jünglings; noch greift ein Yorick mit der Gelassenheit eines Reichen in die Fülle seiner Besitztümer, faßt aus dem gedrängten Haufen wunderlich assoziiertes Zeug auf, läßt eins über das andere fallen, setzt ein Halbbetrachtetes weg, um ein ohngefähr erblicktes Merkwürdigeres zu ergreifen, wirft dann alles wieder unter einander, und schaut zufrieden drein; – – und was noch alles Sternen *von dieser Seite* charakterisieren möchte. Eben so wenig hat uns die *ernste Laune* des Mannes getroffen, der die Welt kennt, an manchem Verdruß über edles mißlungenes Unternehmen genagt hat, und den nun in einer Stunde halbheilen Behagens, aufwachendes Selbstgefühl über Toren und Schurken hebt, und ihn darüber in der Ferne zu lachen macht, worüber er gegenwärtig knirschte.

Das alles nicht! und was denn? Wie das alte Sprüchwort sagt: Der Herr kützelt sich, um zu lachen; und wenn das auf die unempfindlichen Seiten nichts würken will, stößt er in seine Lunge, und zwingt sie zur konvulsiven Hustenbewegung.

Aber, wozu tut sich der Herr Verfasser alle die Qual an? Um dem Publiko zu bezeugen, daß er einen mißbilligenden Blick auf seine vergangne Teilnehmung an literarischen Händeln werfe, und dann seinen Stallmeister *Satyr* förmlich abdanke. Freilich hat ihm der mehr schlimme als gute Dienste geleistet, und die Abschaffung eines solchen Dieners prophezeiht der neuen Haushaltung viel Gutes. Wahrscheinlicher weise hat ihn auch dieser schlimme Gesell zu den Streifereien auf die Zwerge verleitet, aus denen *er Kranich*, zwar mit ganzen Gliedern, doch, wie er selbst gesteht, nicht ungerupft gekommen ist.

Allen und jeden solchen Ausfällen der *Laune* und *Galle* entsagt der Verfasser feierlichst bei vorseiender Standsveränderung, wenn sich ihnen anders entsagen läßt, und weiht sich ganz den edlen Absichten *Theresiens* und *Josephs*.

Wir preisen den Mann, der gute Kräfte gut anwendet, und segnen das Glück der Fürsten, deren erhabner Wille von rechten Männern ausgeführt wird.

Kupferstiche

Caspar Richters Portrait nach Graf von *Bausen.*

Hell und vornehm gemalt, und unbedeutend wie tausend Portraits in den Putzzimmern der Reichen aufgehängt. Wir erkennen es mehr für ein Gelegenheits- als Kunstwerk, und da wir nicht wissen, wies verlangt, wies bezahlt worden ist, worin freilich dem Künstler viel Entschuldigung liegt, wollen wir ihn nicht tadlen. Nur fallen uns bei der Gelegenheit so viele empfundne Portraits ein, alter und neuer Zeit; wir trauen Herr *Bausen* so viel zu, daß es uns leid tat, wie unsre Erwartungen im Aufrollen vernichtet wurden.

Giessen

Carl und Leonore, oder die mißlungne Hülfe, ein Trauerspiel von Benignus Pfeufer, 1772. 8. 62 S.

Herr *Benignus Pfeufer* mag sonst ein braver Mann sein; aber seinen Namen hat er durch dieses leidige Spiel ein vor allemal prostituiert.

Zürch

Les Caprices de l'Amour et de l'Amitié. Anecdote Anglaise suivie d'une petite Anecdote Allemande. 1772. 8. 153 S.

Gleich auf den ersten Seiten haben wir deutsche Denkart, und eine ernste Miene der Empfindung bemerkt, die wir zu kennen glaubten, und die zu verkennen in der Folge unmöglich ist. Aber warum französisch? ruften wir aus, und es werden das viele mit uns fragen; und wenn die Antwort, die wir uns gaben, daß ja im gemeinen Leben ein Deutscher, um von einer beträchtlichen Anzahl Deutscher *gehört* zu werden, Französisch reden müsse, nicht genug tut; wenn man drauf versetzen möchte, eben an denen, denen eine Gewalt übers Publikum gegeben ist, sei es, wider solche Vorurteile durch ein liebenswürdiges Beispiel zu streiten; haben wir darauf nichts zu sagen. Die Ausländer mögen die Sprachfehler und Circumlokutionen entschuldigen, da es nur für Deutsche, von einer deutschen Feder geschrieben ist.

Von der romantisch glücklichen Erfindung des Plans beider Geschichten, wollen wir nichts detaillieren. Die will mit allen ihren Teilen gefühlt sein; besonders hat's uns ergötzt, so viel Handlung und so wenig Diskurs zu finden. Die Heldinnen beider Anekdoten sind vortreffliche Geschöpfe; beide charakterisiert eine ernste Stille, die aus dem Mangel des wahren Genusses ihrer Menschheit entspringt. Wie allen fühlenden Seelen, ist ihnen das Werkeltagsleben ihrer Nebengeschöpfe zu uninteressant, und so kehren sie in sich selbst zurück, und in dem verschloßnen Eigentum wandelt ihre Imagination ungestört, auf gefällig geschaffnen Feldern, in dämmernder Traumwollust hin und wieder. Dafür entbehren sie alle Freuden, die Gesellschaft gewährt, und die von einer Seite immer unersetzlich sind. Der Mangel an Munterkeit dieser liebenswürdigen Damen, hat uns einen Mangel des Glücks mutmaßen lassen. Und hier sei uns eine Anmerkung erlaubt. Der *Unzufriedne,* um nicht zu sagen, der *Unglückliche,* hat zween Wege des Trosts, andre *unglücklich* zu machen, wie sich, oder das *Glück* andrer zu befördern, um sich gleichsam in andern schadlos zu halten. Es wird vielleicht manchem sonderbar scheinen, daß wir daher von einem außerordentlichen Hang zur *Wohltätigkeit* auf den Mangel eignen innren Behagens schließen. Genug, es ist eine Anmerkung, das heißt, eine Art von gedachter Grille, und wir gebens für weiter nichts.

Die Art, des alten Lords seine *Schwesterfrau* durch eben diese Menschenliebe vor andern Gefühlen zu bewahren, wird nur durchs präméditieren romanesk; übrigens führt die Natur ein zärtlichempfindendes Frauenzimmer hundertmal zu solchem *Quiproquo.*

Und das macht denn im Ganzen diese niedlichen Erfindungen so liebenswürdig, daß wir überall durch *Wahrheit* gerührt werden, die nur sehr delikat erhöht und angewendet ist.

Zugleich ist eine deutsche Übersetzung herausgekommen, zu haben um 24 kr.

Frankfurt am Mayn

Lobrede auf den Herrn Friedrich Karl Kasimir von Kreutz etc. 1772. 68 S. gr. 8.

Ohne Gefühl, was so ein Mann gewesen, ohne Ahndung, was so ein Mann sein könne, schreibt hier Einer die schlechteste Parentation. Der Gang dieses sonderbaren Genies, das Durcharbeiten durch so viele Hindernisse, die düstre Unzufriedenheit bei allem Gelangen; wird in der Feder unsers Skribenten recht ordnungsgemäßer Cursus humaniorum et bonarum artium; und der sehr eigen charakteristische Kopf, wohlgefaltete honette Alletagsmaske. Das ist immer das schlimmste, was den Menschen, wie Kreutz, widerfahren kann, deren Leben vielfach vergällt wird, weil sie nicht sind wie andre; daß man, um sie nach dem Tod wenigstens in ehrbare Gesellschaft introduzieren zu können, ihre Gestalten verwischt, und beteuert: sie waren wie *andre vortreffliche Leute* auch!

Paris

Essais sur le Caractère, les Moeurs et l'Esprit des femmes dans les différens siècles; par Mr. Thomas, de l'Academie françoise, chez Montard.
1772. 8. 3 Tom.

Wenn unsre Leser nicht schon aus dem Titel: sur les Moeurs et l'Esprit - - dans tous les siècles - - geschlossen haben, was es ist, - - ohngefähr eine Rollinsche Kompilation, mit dem Geiste eines Rektors der Sorbonne über den wichtigsten Teil der Geschichte der Menschheit - - endlich gar mit Panegyristenschwulste aufgeblasen; so müssen wirs ihnen sagen, daß dies eine ganz neue weltberühmte Schulchrie ist, die zu andern Schulchrien gestellt zu werden verdient. Wir dürften nur die Table des Materes abschreiben, so würde die Satyre des Buchs gemacht sein. Nach allen Unterabteilungen französischer Vorstellungsart, wird die arme weibliche Natur eingezwängt und zugeschnitten, und nach ihr spielt der berühmte Herr Verfasser sogar auf deutschem Boden eine erbärmliche Figur, weil er seine Materie gar nicht zu kennen scheint. Wir fangen an in Deutschland auf den Vorzug der Gründlichkeit, den man uns so gerne zugesteht, so stolz zu werden, daß wir von einem Versuchmacher über die weibliche Natur schlechterdings verlangen, daß er sich zu appesantieren wisse. Der Artikel vom Einflusse des Christentums ist noch das erträglichste; allein, überall herrscht nichts, als ein schwüler Deklamationshimmel, der das Leere der Thomasischen Schöpfung bedeckt. Statt einzelner psychologischer Schritte, und langsamer Schläge des philosophischen Ahndungstabes, das krauseste Labyrinth eines französischen Ballets. Zu dem Portrait am Ende hat Madame *Necker*, wie wir zuversichtlich wissen, gesessen, und wir freuen uns, daß der Maler, von dem wir schon so manchen Epitre und Ode an Madame gesehen haben, nicht flatiert hat.

Basel

Die Begebenheiten des Pyrrhus, des Sohnes des Achilles, als ein Anhang zu den Begebenheiten des Telemachs, aus dem Französischen. 8. 196 S.

Das soll, laut dem Vorbericht unter den Schriften eines der größten Männer von Frankreich, nach seinem Tode gefunden worden sein. Ein Schüler war er, ders schrieb, deren es zwar von allen Altern gibt. Die Einbildungskraft von emaillierten Wiesen, alabasternen Säulen, krystallnen Vasen, helfenbeinenen Stühlen und gehörigem Telemachischen Hausrat ausmöbliert, die Sinne von allerlei ambrosischem Duft begeistert, fühlt er in sich einen Beruf, auch Helden und Mentors zu schaffen. Doch was schaffen! Es ist die jämmerlichste Nachahmung des *Telemachs*, quoad formalia. Die *Thetis* eröffnet den Schauplatz beweinend den *Achilles*, ein Sturm, Gefangenschaft, Hirtenleben, Besuche, Sturm und wieder Sturm, Beruhigung aufgebrachter Völker, Jagd so gar etc. Von Materialibus urteile der geneigte Leser darnach: *Pyrrhus* ist *lasterhaft* geboren, kommt nach Trojens Zerstörung in Gefangenschaftselend, Zerknirschung und Nachdenken, überall wird ihm die *Tugend* rekommandiert, seine Heftigkeit, sein Mut, seine Ehrbegierde, kurz, sein angebornes lasterhaftes Wesen sticht demungeachtet überall vor, bis ihm endlich *sie* selbst, die *Tugend*, im Traum erscheint, das nun freilich nach ihm vielen geschehn ist, solche erwünschte Wirkungen aber selten leider hervorgebracht hat. Denn der göttliche Traum wärmt so sein Herz, füllt mit so heiligem Andenken seine Seele, daß er dem Laster wie dem siebengehäupteten Wurm, einen Kopf nach dem andern herunter säbelt, als wärens Distelköpfe, das Land wie sein Herz von Pest und Ungeziefer reinigt, und so gesäubert sich der schönen Hermione zum tugendlichen Gemahl anbeut, darob Menelaus und Helena jubilieren. Durchaus mit Lehren zu Bekämpfung der Leidenschaften höchst dienlich.

Frankfurt am Mayn

Der Fall der ersten Menschen. Ein Drama in fünf Handlungen, mit Zwischengesängen von *Johann Ewald*. Aus dem Dänischen 1772. 8. 152 S.

Daß *Milton* den Gedanken, die Geschichte des Sündenfalls zu dramatisieren, fahren ließ, danken wir ihm; daß *Dreyden* ihn ausführt, müssen wir ihm verzeihen; aber daß dieses abscheuliche

Drama, das wir vor uns haben, geschrieben, übersetzt, und gedruckt worden ist, das kann kein Mensch dem Schreiber, dem Übersetzer und dem Drucker verzeihen. Wohl zehnmal haben wir angesetzt es zu lesen, und nie konnten wir es länger, als für zwo Seiten ausstehen! Solcher unerträgliche Unsinn, als hier Engel, Teufel und Menschen reden, ist im Himmel, in der Hölle, und auf Erden noch nicht erhört worden! Lese wer da will!

Cölln

Blauer Dunst in Gedichten. 1772. 8. 260 S.

Der Witz dieser Dinger besteht darin, daß sie auf blau Papier gedruckt sind, und da das Papier auch ziemlich sanft ist, so würde selbst *Gargantua,* der kompetenteste Richter in diesen Fällen, gestehen müssen, daß sie sehr brauchbar sind, Purgatus bilem verni sub temporis hora.

Berlin und Stettin

Allgemeine deutsche Bibliothek Des sechzehnten Bandes erstes Stück. 1772. 8. 342 S.

1.) *Knorrs Deliciae Naturae selectae, oder auserlesnes Naturalienkabinet,* fortgesetzt von dessen *Erben,* beschrieben von *Müller,* mit einer französischen Übersetzung von *Blaquiere.* 2 Teile. Wird als eins der wichtigsten Werke angepriesen, die uns Nürnbergische Künstler geliefert haben. Zeichnung, Malerei, Druck und Papier, erhalten das verdiente Lob; wie auch die Fr. Übers.

2.) *Schlegels Batteux,* dritte Auflage. Wir empfehlen diese Rezension allen jungen Leuten, die ihr Gefühl des Guten und Schönen zu entwickeln streben. Hier werden ihnen die Fesseln abgenommen, in die ein hergebrachter Unterricht der schönen Wissenschaften sie schmiedet. Auch hoffen wir, daß manchem Lehrer das Herz dabei schlagen soll, wenn er nur einigermaßen fühlbar ist. Den Sand aufgeraffter Formeln und Floskeln, gaffenden Jünglingen vom Katheder in die Augen zu werfen, dazu brauchts weder Genie noch Talent; aber mit ihnen durch die Gefilde der Natur, durch die Säle der Kunst zu wandeln, und an ihrer Spitze, mit ihnen nach *Festigkeit, Bestimmtheit* und *Wahrheit* die dunkeln eingebornen Gefühle zu suchen! Gott sei Dank, daß wir in Deutschland solcher Männer nicht mangeln.

3.) *Histoire de l'Academie des sciences et des belles lettres. Année* 1763. Bündiger Auszug.

4.) *Tissot,* von der *Epilepsie,* doppelt übersetzt, ist eigentlich der dritte Teil der Abhandlung von Nerven und Nervenkrankheiten. Herrn *Tissots* Lehre wird kurz und faßlich vorgetragen, dagegen so gründlich als bescheidene Einwendungen gemacht.

5.) *Hommelii Rhapsodia quaestionum in foro quotidie obvenientium neque tamen legibus decisarum.* Edit. 3. Viele Observationen, sagt der Rezens. sind merkwürdig, gründlich, neu, oder doch mit neuen Beweisen unterstützt. Bei manchen aber haben wir auch diese Eigenschaften vermißt. Es werden darauf Zeugnisse dieses Urteils angeführt. Insonderheit beklagen sie sich mit Recht über die inkonsequente, unpolitische Art, (von der Moralität wollen wir gar nicht reden) mit der Herr *Hommel* über die, dem menschlichen Geschlecht so wichtigen Punkte, so *hindenkt, hinschreibt.*

6.) *A. de Haen,* Pars XIII. rationis medendi. ausgezogen, geprüft, hier und da widersprochen.

7.) *Manstein, Memoires historiques politiques et militaires sur la Russie.* Nebst zwei Übersetzungen. Kurzer Lebensauszug des Verfassers, und Urteil über des Herausgebers, Herrn *Hubers,* Verbesserungen, wie auch über die Übersetzungen.

8.) *Lonchamp, Entwurf einer gelehrten Geschichte Frankreichs, aus dem französischen,* 1. T. unter der Aufsicht und einer Vorrede von *Klotz.* Dieser Arbeit wird eben nicht in Ehren gedacht.

9.) *Die Leitungen des Höchsten nach seinem Rat auf den Reisen durch Europa, Asia* und *Africa,* von *Schulz,* 1. Teil. Herr S. ist einer der schlechtesten Missionarien, die jemals Völker verwirrt haben. Die Judenbekehrung ist sein Zweck, und das Talent, das ihn dazu beruft, seine Fertigkeit Hebräisch zu sprechen, und was dazu gehört. Übrigens ohne Gefühl, von dem was Mensch sei, was das Bedürfnis sei, das vor der *Erweckung* vorhergehen muß, woher es entspringe, wie ihm durch Religion abgeholfen werde. – – Er läuft durch die Welt, bellt die Juden an, die meistens gescheiter sind, als er selbst; beißt sich mit ihnen herum, richtet nichts aus, erbaut die guten Leute, die ihn dagegen mit Essen und Trinken erquicken etc. Daß doch alle Missionsgeschichten Satyren auf sich selbst sein müssen!

10.) *Jakobi sämtliche Werke.* 2. T. Man wundert sich, daß ein Autor, den, wie er selbst von sich prädiziert, ein sanftes, empfindliches, wohltätiges Herz mehr als alles beglückt, der in einem elisischen Kreise lebt und geliebt wird, daß sich der so ängstlich bekümmert, ob die, so *draußen* sind, ihn lieben oder hassen; daß er, der seine Lieder selbst als *Spielwerk* charakterisiert, um den Beifall einer Nation geizen mag; gewiß ist es sonderbar, daß Herr *Jakobi* bei seinem feinen Gefühl, den Hauptzug des Charakters seiner großen französischen Vorfahren, den Zug, der ihren Produktionen den eigentlichen Wert gab, nicht erkannt zu haben scheint, weil er sich keineswegs von dieser Seite nach ihnen bildet. Die *ersten* unter ihnen rezitierten ihre Sachen nur bei Gelagen, in muntern Kreisen, erlaubten kaum und selten eine Abschrift, und so bewahrten sie ihre niedlichen Kleinigkeiten vor dem tötenden Titel: *Werke,* und sich vor der steifen freudenwidrigen Ehre, als *Autoren* begafft zu werden.

11.) *Tractatus juris Germanici de juribus Judaeorum auctore Gatzert.* Der Verf. schränkt sich hauptsächlich auf die Hessen-Darmstädtische Rechte ein. Der Rez. macht Einwendungen, die uns für eine Zivilmaterie zu philosophisch dünken. Die fürtrefflichsten Grundsätze abstrakter Wahrheit, lassen sich zu Entscheidung der verwickelten Fälle, unsers gegenwärtigen zusammengesetzten Lebens nicht anwenden. Die Abweichung von der Natur kann nicht nach Naturgesetzen beurteilt werden, denn da sind wir gleich fertig: *es taugt nichts,* heißts da. Wenn wir es aber doch einmal nicht abtun können, so müssen wir die Abweichung aus sich selbst, und aus ihren eignen Regeln beurteilen, so grillenhaft und ungleich sie auch sein mögen.

12.) *Creutz-Oden.* Zwei Bände. Ein *Denkmal* dem Abgeschiednen im Vorhof des Tempels der Musen aufgerichtet, das ihn als Dichter für alle *Lobreden* schadlos hält. Es ist mehr selbstständiges Werk als Rezension, und es wird kein denkender Geist, kein fühlendes Herz dazu treten, ohne mit dem innigsten Intuitionsvergnügen lang um dasselbe zu verweilen.

13.) *Anmerkungen über den Anakreon.* Es mag für einen jungen Menschen gut sein. Doch bleibt diese Art, die Alten zu lesen und zu erklären, immer die schlechtste.

14.) *Moscati von dem körperlichen wesentlichen Unterschiede zwischen der Struktur der Tiere und der Menschen. Rede.* Paradoxen, denen noch dazu das Verdienst der Neuheit fehlt.

15.) *Erpenii arabische Grammatik abgekürzt* etc. von *Michaelis.* Sie ist, sagt der Rezens. wie uns dünkt, für solche, die vom Arabischen mehr lernen wollen als die Anfangsgründe, und es allenfalls mit Hülfe des Golius aufs Hebräische anwenden, zu kurz und unvollständig; zum akademischen Gebrauch hingegen, um die ersten Anfangsgründe draus zu lernen und zu lehren, zu weitläufig.

16.) *Mosheims Sittenlehre der H. Schrift,* 9. und letzter Teil, von *Miller.* Wir besitzen, sagt der Rez. an dem Werke einen Schatz gesammelter und berichtigter moralischer Erkenntnisse. Doch macht er die Anmerkung: »Daß die Vermischung der politischen Moral und der christlichen, so viel unbestimmte Urteile veranlasse.« Jede *menschliche* Moral, wovon die *politische* ein Zweig ist, muß notwendig der *christlichen* widersprechen. Wenn wir a priori schließen, setzen wir *Natur, natürlichen Menschen* ohne Offenbarung, einen *Heiden* voraus, und wie unbiblisch ist es zu behaupten, die offenbarte Lehre könne mit ihr in eins verschmolzen werden. Eben so wenig können wir mit denjenigen übereinstimmen, die erst eine menschliche Moral zum Grunde legen, und dann Religion oben aufsetzen.

17.) *Bibliotheca botanica auctore Haller.* Der Einrichtung nach kommt sie mit dem vor 20 Jahren von dem Verf. gelieferten Methodo studii medici überein. Was aber solch ein Werk unter den Händen solch eines Manns in zwanzig Jahren werden könne, braucht keiner Worte. Dieser erste Teil enthält die Schriftsteller der Botanik.

18.) *Wielands Grazien.* Es ist uns bei dieser Rezension, die *Wielanden* abermals wegen der Sittlichkeit Vorwürfe macht, er zeichne Gegenstände, wovon die Grazien die Augen wegwenden würden, die Stelle *Plutarchs* eingefallen: χαριρ γαρ – ἡ του δηλεος ὑπειξις τω αρρενι κεκληται προς των παλαιων Was kann *Wieland* dafür, daß seine Landsleute so wenig *altgriechisches* Gefühl haben.

19.) *Histoire de l'Academie Royale Année 1769. wie oben No. 3.*

20.) *Urlspergers Versuch einer genauern Bestimmung des Geheimnisses Gottes und des Vaters und Christi.* Der Rezens. beklagt die verlorne Mühe eines denkenden Geists, und liefert eine kurze Geschichte der

Lehre. Wir würden bei allem dem, dem Verf. Dank wissen, wenn er rein, philosophisch, historisch, exegetisch, oder mystisch diese Materie abgehandelt hätte. Wer hier *näher bestimmen* wollte, müßte vor allen Dingen die unbiblischen Ausdrücke wegwerfen, durch die die meiste Verwirrung entstanden ist. Wollte irgend ein spekulativer Kopf wieder in diesem Geheimnis grübeln, so bitten wir ihn, eine Geschichte nicht der *äußerlichen Ausbreitung,* sondern der *innerlichen Entstehung* der Lehre, aus der Tiefe heraus zu heben.

Kurze Nachrichten schließen das Werk, wie gewöhnlich. In einer angehängten Nachricht ans Publikum aber wird Herr *Boysen,* mit den angedrohten Beweisen und *nachteiligen Anekdoten* aufzutreten, ausgefordert – – Wann wird das enden!

Zürch

Moralische Erzählungen und Idyllen von *Diderot* und S. *Geßner*. 1772. 8. 273 S.

Was beiden würdigen Männern Anlaß gegeben, in Gesellschaft aufzutreten, erklärt die, zur Pränumeration auf die französische Ausgabe dieses Werks, unsern Blättern angehängte Nachricht, so daß wir ohne weitere Vorrede zur Sache schreiten können.

Idyllen von Geßner

»Die Schönheiten der Natur,« sagt der Verf. in dem angehängten Brief an *Fueßlin,* »und die guten Nachahmungen derselben in jeder Art, taten immer die größte Würkung auf mich; aber in Absicht auf Kunst wars nur ein dunkles Gefühl, das mit keiner Kenntnis verbunden war, und daher entstand, daß ich meine Empfindungen und die Eindrücke, welche die Schönheiten der Natur auf mich gemacht hatten, lieber auf eine andre, und solche Art auszudrücken suchte, welche weniger mechanische Übung; aber die gleichen Talente, eben das Gefühl für das Schöne, eben die aufmerksame Bemerkung der Natur, fordert.«

Geßner war also zum Landschaftmaler geboren, ein pis aller machte ihn zum Landschaftdichter, und auch nun, da er zu seiner Bestimmung durchgedrungen, da er einen ansehnlichen Rang unter den Künstlern erworben, genießt er in Gesellschaft der Gespielin seiner Jugend, der ländlichen Muse, manchen süßen Augenblick. *Malender Dichter!* dazu charakterisiert sich in angeführter Stelle

Geßner selbst, und wer mit *Leßingen* der ganzen Gattung ungünstig wäre, würde hier wenig zu loben finden. Doch wir wollen hier nicht unbillig sein. Wir kennen die Empfindungen, die aus der bürgerlichen Gesellschaft in die Einsamkeit führen, aufs Land, wo wir dann nur zum Besuch sind, nur bei einer Visite die schöne Seite der Wohnung sehn, und ach! nur *sehn*, der geringste Anteil, den wir an einer Sache nehmen können!

Und so ist es *Geßnern* gegangen. Mit dem empfindlichsten Auge für die Schönheiten der Natur, das heißt für schöne *Maßen, Formen* und *Farben* hat er reizende Gegenden durchwandelt, in seiner Einbildungskraft zusammen gesetzt, verschönert, und so standen paradiesische Landschaften vor seiner Seele. Ohne Figuren ist eine Landschaft tot, er schuf sich also Gestalten aus seiner schmachtenden Empfindung und erhöhten Phantasie, staffierte seine Gemälde damit, und so wurden seine Idyllen. Und in diesem Geiste lese man sie! und man wird über seine Meisterschaft erstaunen. Wer einen Malerblick in die Welt hat, wird mit inniger Freude vor seinen Gegenden verweilen, ein herrliches Ganze steigt vor unsern Augen auf, und dann das Detail, wie bestimmt, Steine, Gräschen. Wir glauben, alles schon einmal gemalt gesehen zu haben, oder wir möchtens malen. Da sagt uns aber ein Feind poetischer Malerei: was ists? Der Vorhang hebt sich, wir sehen in ein Theater, das für uns, von *der Seite* zu beschauen, eben so künstlich hintereinander *geschoben*, so wohl beleuchtet ist, und wenn wir einige Minuten Zeit gehabt haben, A! zu sagen, dann treten Junggesellen und Jungfrauen herein, und spielen ihr Spiel.

Wir zweifeln nicht, daß sich darauf antworten ließe; aber die Leute sind nicht zu bekehren, sie verlangen, daß alles von Empfindung ausgehn, alles in sie zurückkehren soll. Wenn wir als Maler *Geßners* Figuren betrachten, so sind es die edelsten schönsten Formen; ihre Stellung so ausgedacht, so meisterhaft empfunden, ihr Stehen, Sitzen, Liegen, nach der Antike gewählt –

Was geht mich das an? sagt der Gegner! Im Gedicht ist mir nicht drum zu tun, wie die Leute aussehn, wie sie Hände und Füße stellen, sondern was sie tun, was sie empfinden. Nach der Antike mögen sie wohl studiert sein, wie *Geßner* seine Landschaft mehr nach seines Herrn Schwehervaters Kupferstichsammlung, als nach der Natur ausgebildet zu haben scheint.

Ich will, fährt er fort, von dem Schattenwesen *Geßnerischer* Menschen nichts reden. Darüber ist lange gesagt, was zu sagen ist. Aber zeigt das nicht den größten Mangel dichterischer Empfindung, daß in keiner einzigen dieser Idyllen die handlenden Personen, wahres Interesse an- und mit einander haben? Entweder ist es kalter erzählender Monolog, oder was eben so schlimm ist; Erzählung, und ein Vertrauter, der seine paar Pfennige quer hinein dialogisiert, und wenn denn einmal zwei was zusammen empfinden, empfindet's einer wie der andre, und da ists vor wie nach.

Wer wird aber einzelnen Stellen wahres Dichtergefühl absprechen? Niemand. Einzelne Stellen sind vortrefflich, und die kleinen Gedichte machen jedes ein niedliches Ganze. Hingegen die Größern; so trefflich das Detail sein mag, so wenig zu leugnen ist, daß es zu gewissen Zwecken wohl geordnet ist, so mißt ihr doch überall den Geist, der die Teile so verwebt, daß jeder ein wesentliches Stück vom Ganzen wird. Eben so wenig kann er Szene, Handlung und Empfindung verschmelzen. Gleich in der ersten tritt der Mond auf, und die ganze Idylle ist Sonnenschein. Der *Sturm* ist unerträglich daher. Voltaire kann zu Lausanne aus seinem Bette dem Sturm des Genfer Sees im Spiegel nicht ruhiger zugesehen haben, als die Leute auf dem Felsen, um die das Wetter wütet, sich vice versa detaillieren, was sie beide sehn. Das mag sein! In dieser Dichtungsart ist der Fehler unvermeidlich; dagegen zu wie viel Schönheiten gibt er Anlaß? Muß man dem Theater nicht auch manche Unwahrscheinlichkeit zu gute halten? und dennoch interessiert es, rührt es. Und von der Schweitzer Idylle habt ihr kein Wort gesagt! Wie ich anfing sie zu lesen, rief ich aus: O hätt er nichts als Schweitzer-Idyllen gemacht! dieser treuherzige Ton, diese muntre Wendung des Gesprächs, das Nationalinteresse! das hölzerne Bein ist mir lieber, als ein Dutzend elfenbeinerne Nymphenfüßchen. Warum muß sie sich nur so Schäfermäßig enden? kann eine Handlung durch nichts rund werden, als durch eine Hochzeit? Wie lebendig läßt sich an diesem kleinen Stücke fühlen, was *Geßner* uns sein könnte, wenn er nicht durch ein zu abstraktes und ekles Gefühl, physikalischer und moralischer Schönheit, wäre in das Land der Ideen geleitet worden, woher er uns nur halbes Interesse, Traumgenuß herüber zaubert.

(Von *Diderots mor. Erzähl.* nächstens.)

Mietau und Leipzig

Gedichte von einem Polnischen Juden, 8. 1772. 96 S.

Zuförderst müssen wir versichern, daß die Aufschrift dieser Bogen einen sehr vorteilhaften Eindruck auf uns gemacht hat. Da tritt, dachten wir, ein feuriger Geist, ein fühlbares Herz, bis zum selbstständigen Alter unter einem fremden rauhen Himmel aufgewachsen, auf einmal in *unsre* Welt. Was für Empfindungen werden sich in ihm regen, was für Bemerkungen wird er machen, er, dem alles neu ist?

Auch nur das flache, bürgerliche, gesellig und gesellschaftliche Leben genommen, wie viel Dinge werden ihm auffallen, die durch Gewohnheit auf euch ihre Wirkung verloren haben? Da, wo ihr an langer Weile schmachtet, wird er Quellen von Vergnügen entdecken; er wird euch aus eurer wohlhergebrachten Gleichgültigkeit reißen, euch mit euern eignen Reichtümern bekannt machen, euch ihren Gebrauch lehren. Dagegen werden ihm hundert Sachen, die ihr *so gut* sein laßt, unerträglich sein. Genug, er wird finden, was er nicht sucht, und suchen, was er nicht findet. Denn, seine Gefühle, seine Gedanken in freien Liedern der Gesellschaft, Freunden, Mädchen mitteilen, wenn er nichts neues sagt, wird alles eine neue Seite haben. Das hofften wir, und griffen - in Wind. In denen fast zu *langen* und zu *eitlen* Vorberichtsbriefen erscheint er in Selbstgefälligkeit, der seine Gedichte nicht entsprechen.

Es ist recht löblich ein polnischer Jude sein, der Handelschaft entsagen, sich den Musen weihen, deutsch lernen, Liederchen ründen; wenn man aber in allem zusammen nicht mehr leistet, als ein christlicher Etudiant en belles Lettres auch, so ist es, däucht uns, übel getan, mit seiner Judenschaft ein Aufsehn zu machen.

Abstrahiert von allem, produziert sich hier wieder ein hübscher junger Mensch *gepudert,* und mit *glattem Kinn,* und *grünem goldbesetzten Rock,* (s. S. 11. 12.) der die schönen Wissenschaften eine Zeitlang getrieben hat, und unterm Treiben fand, wie artig und leicht das sei, Melodiechen nachzutrillern. Seine Mädchen sind die allgemeinsten Gestalten, wie man sie in Sozietät und auf der Promenade kennen lernt, sein Lebenslauf unter ihnen, der Gang von tausenden;

er ist an den lieben Geschöpfen so hingestrichen, hat sie einmal amüsiert, einmal ennuyiert, geküßt, wo er ein Mäulchen erwischen konnte. Über diese wichtige Erfahrungen am weiblichen Geschlecht, ist er denn zum petit volage geworden, und nun, wenn er mehr Zurückhaltung bei einem Mädchen antrifft, beklagt er sich bitterlich, daß er nur den Handschuh ehrerbietig kosten, sie nicht beim Kopf nehmen und weidlich anschmatzen darf, und das alles so ohne Gefühl von weiblichem Wert, so ohne zu wissen, was er will.

Laß, *o Genius* unsers Vaterlands bald einen Jüngling aufblühen, der voller Jugendkraft und Munterkeit, zuerst für seinen Kreis der beste Gesellschafter wäre, das artigste Spiel angäbe, das freudigste Liedchen sänge, im Rundgesange den Chor belebte, dem die beste Tänzerin freudig die Hand reichte, den neusten mannigfaltigsten Reihen vorzutanzen, den zu fangen die Schöne, die Witzige, die Muntre alle ihre Reize ausstellten, dessen empfindendes Herz sich auch wohl fangen ließe, sich aber stolz im Augenblicke wieder losriß, wenn er aus dem *dichtenden Traum* erwachend fände, daß seine Göttin nur schön, nur witzig, nur munter sei; dessen Eitelkeit durch den Gleichmut einer Zurückhaltenden beleidigt, sich der aufdrängte, sie durch erzwungne und erlogne Seufzer, und Tränen, und Sympathien, hunderterlei Aufmerksamkeiten des Tags, schmelzende Lieder und Musiken des Nachts, endlich auch eroberte und – auch wieder verließ, weil sie nur *zurückhaltend* war; der uns dann all seine Freuden, und Siege, und Niederlagen, all seine Torheiten und Resipiszensen, mit dem Mut eines unbezwungenen Herzens vorjauchzte, vorspottete; des Flatterhaften würden wir uns freuen, dem gemeine, einzelne weibliche Vorzüge nicht genug tun.

Aber dann, *o Genius!* daß, offenbar werde, nicht Fläche, Weichheit des Herzens sei an seiner Unbestimmtheit schuld; laß ihn ein Mädchen finden, seiner wert!

Wenn ihn heiligere Gefühle aus dem Geschwirre der Gesellschaft in die Einsamkeit leiten, laß ihn auf seiner Wallfahrt ein Mädchen entdecken, deren Seele ganze Güte, zugleich mit einer Gestalt ganz Anmut, sich in stillem Familienkreis häuslicher tätiger Liebe glücklich entfaltet hat. Die Liebling, Freundin, Beistand ihrer Mutter, die zweite Mutter ihres Hauses ist, deren stets liebwürkende Seele jedes

Herz unwiderstehlich an sich reißt, zu der Dichter und Weise willig in die Schule gingen, mit Entzücken schauten eingeborne Tugend, mitgebornen Wohlstand und Grazie. – Ja, wenn sie in Stunden einsamer Ruhe fühlt, daß ihr bei all dem Liebeverbreiten noch etwas fehlt, ein Herz, das jung und warm wie sie, mit ihr nach fernern verhülltern Seligkeiten dieser Welt ahndete, in dessen belebender Gesellschaft, sie nach all den goldnen Aussichten von *ewigem Beisammensein, daurender Vereinigung, unsterblich webender Liebe* fest angeschlossen hinstrebte.

Laß die Beiden sich finden, beim ersten Nahen werden sie dunkel und mächtig ahnden, was jedes für einen Inbegriff von Glückseligkeit in dem andern ergreift, werden nimmer von einander lassen. Und dann lall er ahndend, und hoffend und genießend:

»Was doch keiner mit Worten ausspricht, keiner mit Tränen, und keiner mit dem verweilenden vollen Blick, und der Seele drin.«

Wahrheit wird in seinen Liedern sein, und lebendige Schönheit, nicht bunte Seifenblasenideale, wie sie in hundert deutschen Gesängen herum wallen.

Doch ob's solche Mädchen gibt? obs solche Jünglinge geben kann? Es ist hier vom polnischen Juden die Rede, den wir fast verloren hätten, auch haben wir nichts von seinen Oden gesagt. Was ist da viel zu sagen! durchgehends die, Göttern und Menschen, verhaßte Mittelmäßigkeit. Wir wünschen, daß er uns auf denen Wegen, wo wir unser Ideal suchen, einmal wieder, und geistiger begegnen möge.

Buxtehude

Wanderschaft eines Journalisten. 1771. 8. 4tehalb Bogen.

Wir holen diese platte Satyre, die uns itzo erst in die Hand fällt, aus dem vorigen Jahr nach, um doch alle diejenigen, welche sich an dergleichen Dinge machen wollen, recht herzlich zu bitten, sich ein wenig mehr Laune und Witz anzuschaffen, oder lieber die Sachen so gehen zu lassen, wie sie gehen. Es gehört wirklich mehr als flache Possen dazu, um Schriftsteller und Journalisten, die beide so sehr im Argen liegen, zu bessern. So lang wir die Gelehrten nur nach ihrem *Handwerk*, und nicht nach ihrem innren Werte schätzen; so lang der *Mensch* dem *Gelehrten* nachsteht, und immer ehe gefragt wird: was hat er geschrieben? als, wie lebt, wie denkt er? So lange man auf Autorschaft und Journalistenschaft mehr Wert legt, als auf eine jede andere angenehme Unterhaltung an einem gesellschaftlichen Abend; so lange die Wissenschaften in phantasierten Welten auf Seifenblasen herumfahren; mit einem Wort, so lang wir denken, lesen, lehren, schreiben und leben, wie wir itzo tun; so lang wirds elende Schriftsteller, und noch elendere Journalisten geben! und das ist gut! wie will man Kinder stillen ohne Puppen; oder Walfische fangen ohne Tonnen? – Die Wahrheit erhalte uns nur einige Schriftsteller; oder lieber nur einige Weisen, für die, die leben können ohne Puppe! Wer übrigens diese Handwerkspurschen Wandergeschichte noch nicht gelesen hat, und wissen will, wie ein Brotjournaliste nach manchen Gefahren von Prügeln und Bettelvögten ein Journalisten-Comptoir in Buxtehude aufrichtet; der gehe hin und lese, und lache wenn er kann!

Leipzig und Zwickau

Der Selbstmord. Eine Erzählung (in Versen.) 6tehalb Bogen.

Der Kaffee soll Plutos Reich vermehren. Das ist der Gedanke dieser elenden Fratz. Wir haben lange nichts so erbärmliches gesehen. Schade um die Kupferstiche und den schönen Druck.

Eisenach

Schreiben über den Homer, an die Freunde der griechischen Literatur. Von *Seybold*, Prof. in Jena 1772. 8. 51 S.

Herbei! meine *junge Freunde*, herbei! die ihr euch längst nach dem Anschauen *Homers* gesehnt; euch ist ein neuer Stern aufgegangen, ein neuer Marschall einzuführen zum Throne des Königs, ein neuer Prophet, der sein Handwerk meisterlich treibt. Erst Klagen über *diese letzte* Zeiten, über die Wolke der Irrlehrer, die herumtaumeln, das Volk zu verführen, und sprechen: siehe *Homer* ist hier! *Homer* ist da! – »Ich aber, ruft er, bring euch ins Heiligtum; nicht nur zu ihm, auf seinen Schoß setz ich euch, in seine Arme leg ich euch! Herbei ihr Kindlein!«

Wärs nur eine *Büste* des Altvaters, vor die er euch inzwischen stellte; euch deutete auf der hohen Stirne würdige Runzeln, auf den tiefen Blick, auf das Schweben der Honiglippe, daß der heilige Sinn der überirdischen Gestalt über euch käme, ihr anbetetet, und Wärme und Mut euch entzündete! Welcher ist unter euch so unglücklich, der neologisch kritisch fragen dürfte: warum bedeckt er den kahlen Scheitel nicht wohl anständig mit einer Perücke?

Hinaus mit ihm! daß er Prof. *Seybolds* Fingerzeig folge, herumgetrieben werde, in Wüsten, wo kein Wasser ist.

Also den Charakter *Homerischer* Gesänge zu bestimmen, tritt er auf, anzugeben, *was* und *wie Homer* gedichtet hat, den Maßstab zu bezeichnen, wornach seine Fehler und Schönheiten zu berechnen sind!

Fürs erste dann, Homers *Stoff*, und wie er weislich den interessantesten für seine Nation wählte – *den Trojanischen Krieg* zur Ilias, *dessen Folgen* zur Odyssee.

Der Trojanische Krieg! Stoff zur Ilias! Man sollte denken, er kenne nur das Gedicht aus der Überschrift; aber der Herr Professor habens gelesen, schlimmer! studiert! immer schlimmer! Wer interessiert sich einen Augenblick für Troja? Steht nicht durchaus die Stadt nur als Coulisse da? Ist zum Anfange die Rede von Eroberung der Stadt, oder von was anders? Erfährt man nicht gleich, Troja wird Trutz aller Bemühung der Griechen diesmal nicht eingenommen? Setzt ja kaum einer einmal einen Fuß an die Mauer. Ist nicht das Hauptinteresse des Kampfs bei den Schiffen? – Und dann die Handlenden! Wessen ist das Interesse, der Griechen oder des Achills? wann Homer seiner Nation schmeicheln wollte, wars der Weg, das Unglück ihres Heers durch den Eigensinn eines einzigen bestimmen zu lassen? Wo ist Nationalzweck im ganzen Gedicht? – Der Verdruß und die Befriedigung eines einzigen – woran die Nation Teil nehmen mußte, als Nation, ist hier und da das Detail, nirgends das Ganze.

Nun *Stoff der Odyssee! Rückkehr der Griechen!* Der Griechen? Oder eines einzigen, einzelnen, und noch dazu des abgelegensten der Griechen? dessen Rückkehr oder Nichtrückkehr, nicht den mindesten Einfluß auf die Nation haben konnte. Und auch hier wieder sucht der Herr Prof. das Interesse, in der gänzlichen Revolution dieser zwanzig Jahre, in der entferntesten Nebenidee.

Er kommt auf Homers *Art den Stoff zu behandlen,* und fragt, nach Anlaß seiner trefflichen Prämissen: Wer gab *Homern* ein, den Trojanischen Krieg und die Rückkehr der Griechen besonders zu behandlen? Warum teilte er die Ilias und Odyssee? – Und mehr solche warums, die ihm die Ungereimtheit beantworten mag, die sie ihm eingab. Ferner plappert er dem *Horaz* nach: »Wer lehrte ihn, die Leser in die Mitte der Begebenheit reißen?« Das ist doch nur der Spezialfall der Odyssee, um auch Geschichte der Einheit näher zu bringen. Daraus hat man eine Regel der Epopee gemacht. Und wo werden wir in der Ilias in medias res gerissen? Wohl nach dem Hrn. Prof. da res, der Trojanische Krieg ist. Ist und bleibt aber der *Zorn des Achills* Stoff der Ilias, so fängt sie unstreitig ab ovo an, ja noch ehe das ovum empfangen war.

Darauf, vom *Einfluß des Zeitalters* auf seine Gedichte! da fängt der Herr Prof. wieder von außen an; auch ist das Bißgen Außenwerk alles, was er kennt. Von *Krieg* und *Streitbegier*, und wie das nicht so honett und ordentlich zuging, wie bei uns, dann – einen Federstrich, mit dem er das Religionsverhältnis umreißt. Hier endigt sich der allgemeine Teil seiner Abhandlung, und der Herr Prof. spricht: »Aus dieser Beschreibung, die ich, wie man sieht, aus dem Homer selbst zusammen getragen habe,« – Wohl, zusammen gescharrt, gestoppelt! – »läßt sich der Einfluß, den die Zeit des Trojanischen Kriegs, auf die *Sittenbeschreibungen* und *Sprache* der Homerischen Gedichte hatte, angeben.« Da ists uns denn auch gegangen wie Leuten, die im Hause eines prahlenden Bettlers inventieren, durchaus die Hoffnung betrogen! Leere Kasten! leere Töpfe! und Lumpen.

Sitten! Und da anstatt Gefühls des höchsten Ideals menschlicher Natur, der höchsten Würde menschlicher Taten, entschuldigt er den Homer, daß seine Zeit, Tapferkeit für die höchste Tugend hielt, daß die Stärke der Leidenschaft den übrigen Stärken gleich war; entschuldigt das in dem unbedeutenden Tone Professorlicher Tugendlichkeit, den wir in Deutschland über die Sitten griechischer Dichter schon mehr haben deraisonieren hören. Und wirft über das noch hier und da so fein spöttlende Vorwürfe an unsre Zeiten, daß man deutlich erkennt, er habe weder jene Zeiten, noch unsre, noch irgend welche Zeiten, berechnen können.

Beschreibungen. Archäologischer Trödelkram!

Sprache. So wenig was *junge Freunde* herbeilocken könnte, als bisher. Allotria. Kritische Weitläufigkeiten. Doch dünkt ihn das der

Gesichtspunkt zu sein, aus welchem man von den *wahren* Flecken, und *wahren* Schönheiten *Homers* urteilen soll.

Da es nun aber auf den *Nutzen* kommt, den *wir* aus dem Studium des *Homer* schöpfen können, findet der Herr Prof. auf einmal, daß sein Schriftchen schon zu lang sei. Uns wenigstens dünkt, das hätte der Hauptzweck des Hrn. Verf. sein sollen, und da streicht er dran hin, und aus dem, was er so kurz hinwirft, ließ sich auch ohne Lieblosigkeit schließen – Er habe hier gar nichts zu sagen gewußt.

»Ein junges Genie lerne von ihm, Dichter seiner Nation werden, *wie Virgil.*« Wann war *Virgil* Dichter seiner *Nation*? Den Römern das, was *Homer* den Griechen war? Wann könnt ers sein? Wenn sie sonst nichts aus ihm lernen, als was *Virgil,* was mehrere aus ihm gelernt haben mit *Hyazinthen, Lotos, Violetten* ihre Gedichte auszuputzen, brauchts all den Aufwand nicht. Drum wünschen wir auch zum Besten *Homers* und unsrer Literatur Herr S. keinen Schüler und Nachfolger. Besser unwissend als so belehrt.

Züllichau

Die erleuchteten Zeiten; oder Betrachtung über den gegenwärtigen Zustand der Wissenschaften und herrschenden Sitten in Deutschland. 1772. 8. 12 Bogen.

Eine langweilige Schulchrie. Der vermutlich sehr junge, wenigstens sehr unerfahrne Verf. kennt die Welt nur nach den vier Fakultäten, und muß wo von einem stolzen Halbgelehrten gehört haben, daß wir in erleuchteten Zeiten leben. Das ärgert ihn nun, und deswegen beweist er: daß die Philosophen nicht erleuchtet sind, weil noch einige die beste Welt verteidigen; die Ärzte nicht, weil noch so viele Menschen sterben; die Juristen nicht, weil so viele Gesetze ohne Prozesse, und so viele Prozesse ohne Gesetze da sind; die Theologen nicht, weil sie so eigensinnig sind, und weil man so oft bei ihren Predigten einschläft; die Humanisten nicht, weil sie das Lateinische und Griechische nicht ernstlich genug treiben, das Hebräische so schwer machen, so viele Verse schreiben u. dgl. Unsre Sitten taugen auch nichts, weil wir zu sinnlich sind; nicht genug in der Bibel lesen; und sonderlich in dem Zeugungsgeschäfte nicht genug über die Geheimnisse, die darin verborgen liegen, meditieren, sondern bloß so hin zeugen. – Daß doch solche Leute reformieren wollen! Die Stelle vom Vorbilde des Propagationssystems S.

171. ist blasphemer Unsinn, den wir uns scheuen, hierher zu setzen; alles übrige ist flaches Gewäsch, ohne einen einigen allgemein Blick, ohne Verstand, ohne Kenntnis, ohne Laune. – Erleuchtete Zeiten! das war wohl der Mühe wert zu fragen, ob wir in solchen Zeiten leben! oder wenn man doch fragen wollte, so mit Amtsmiene zu antworten; so zu deklamieren! Hätt doch der Mensch über den Mann im Mond, oder den weisen Bär geschrieben! Das war sein Beruf! – Wer sich noch unterfängt, unsre Zeiten für erleuchtet zu halten; der soll zur Strafe diese 12 Bogen lesen; und wer sie gar deswegen dafür hält, weil er darin lebt, der soll sie auswendig lernen!

Würzburg

Franken zur griechischen Literatur. 1. Abschn. 1772. 8. 176 S.

Unter diesem mystischen Titel kommt in Würzburg eine Art von periodischer Schrift heraus, deren Plan von dem Verf. S. 4. dieses Abschnitts erzählt wird. »Er will uns das Genie und den Geist aller griechischen Schriftsteller, Historiker, Dichter und Philosophen kennen lehren; Er will nachher einen forschenden Blick in *alle* Schriften seiner Originale wagen; zuerst sie im Ganzen, hernach in ihren einzeln Teilen betrachten; die Verbindung des Plans, so wie die Ausführung desselben beurteilen; auf Schönheiten und Fehler merken; die Farbe des Ausdrucks untersuchen; Scharfsinn, Witz, Enthusiasmus, Moral, Politik, Richtigkeit der Erzählung prüfen, und seine Leser in das Zeitalter zurückführen, in welchem unser (d. i. jeder) Autor für seine Welt schrieb.« – Uns schwindelt! Der Himmel gebe diesem Mann Methusalems Alter, Nestors Beredsamkeit, und das Genie aller seiner Autoren zusammen! Was wird er denn nach 960 Jahren für ein Werk liefern! Die vorliegenden Blätter, die einen Auszug aus der Illiade – Homerum in nuce, ohngefähr enthalten, vermutlich für die, welche nicht Zeit haben, den *Homer* zu lesen – diese Blätter, sagen wir, werden ohne Zweifel vorausgeschickt, um das große Werk nach 960 Jahren damit zu emballieren. Wir wüßten nicht, was wir sonst damit zu machen hätten. O ihr große Griechen! und du, *Homer! Homer!* – – doch so übersetzt, kommentiert, extrahiert, enucleiert, so sehr verwundet, gestoßen, zerfleischt, durch Steine, Staub, Pfützen geschleift, getrieben, gerissen

– – όυδε τι όι χρως σηπεται, όυδε μιν ευλαι Έσδους; –
Ως του κηδονται μακαρες δεοι
Και νεκυος περ έοντος – –

(berührt nicht Verwesung sein Fleisch; nagt nicht ein Wurm an ihm; denn für ihn sorgen die seligen Götter auch nach dem Tode.)

Danzig

Cymbelline, ein Trauerspiel, nach einem von *Schäckespear* erfundnen Stoffe.

Der Verfasser, da er sich, laut dem Vorbericht, nach einer schweren Krankheit aller *ermüdenden* Arbeiten enthalten mußte, beschäftigte sich mit *Schäckespears* Werken. Das hätten wir ihm nun gleich sagen wollen, war für einen *Rekonvaleszenten* keine Lektüre. Wer an dem Leben, das durch *Schäckespears* Stücke glüht, Teil nehmen will, muß an Leib und Seele gesund sein. Da bedauerten nun der Herr Verfasser aus innigem Gefühl einer kühlen, schwächlichen, kritischen *Sittigkeit,* die viele incongruités, durch die (wie der treffliche *Johnson* ad hoc drama gleichfalls bemerkt hat) many just sentiments, und *einige* Schönheiten, zu teuer erkauft werden. Er beschloß also: *das Gold von Schlacken zu scheiden* (denn das ist ja seit undenklichen Jahren vox populi critici über Schäckespear) wenigstens einen Versuch zu machen, nichts weniger dem ehrsamen Publiko vorzulegen, als: wie ohngefähr *Sophokles,* wenn er *diesen Stoff* zu bearbeiten gehabt hätte, *die Sachen* würde eingerichtet haben. Nun *travestierten* sie also – nicht *travestierten!* dann bleibt wenigstens Gestalt des Originals – parodierten! auch nicht! da läßt sich wenigstens aus dem Gegensatz ahnden – also denn? – welches Wort druckt die Armut hier, gegen *Schäckespears* Reichtum aus!

Schäckespear, der den Wert einiger Jahrhunderte in seiner Brust fühlte, dem das Leben ganzer Jahrhunderte durch die Seele webte! – und hier – Komödianten in Zendel und Glanzleinewand, gesudelte Coulissen. Der Schauplatz, ein Wald, vorn ein dichtes Gebüsch, wodurch man in eine Grotte geht, im Fond ein großer Stein von *Pappe,* auf dem die Herren und Damen sitzen, liegen, erstochen werden etc.

So würde Sophokles die Sachen behandelt haben! Es ist schon ein ganz ungenialisches Unternehmen, das *Schäckespears* Stücke, deren *We-*

sen, Leben der Geschichte ist, auf die Einheit der Sophokläischen, die uns nur Tat vorstellen, reduzieren will; nun aber gar so, nach der *Abhandlung vom Trauerspiel in dem ersten Teil der älteren Leipziger Bibliothek* im modeln! Wir sind gewiß, daß es jeder – auch nur *Leser Schäckespears* mit Verachtung aus der Hand werfen wird.

Eisenach

Sammlung merkwürdiger Rechtsfälle aus verschiedenen Teilen der Rechtsgelehrsamkeit mit ihren Entscheidungsgründen. Von *Th.C. Becker*. Erster Band, erste Sammlung 8. 1772. 72 S.

Ob man gleich dafür halten möchte, daß Herr *Becker* nach dem sehr häufigen Beispiel vieler Rechtsgelehrten, (vid. die Meßkatalogos und gelehrten Zeitungen dieser letzten Zeiten) ebenfalls Responsa und Urteile könne drucken lassen, quia cuilibet liberum est in loco publico casam ponere. §. 6. J. de R. divis. auch niemand ihm sein Eigentum an seine Responsa abstreiten wird: Omnia enim animalia quae terra, mari, coelo capiuntur, capientium sunt. 1. 1. §. 1. ff. de adq. res dom. und Kaiser Hadrianus selbst reskribiert hat: Si quis fiduciam sui haberet, populo ad respondendum se praepararet 1. 2. §. 47. ff. de Orig. Jur. welche fiducia, mithin auch die sich darauf gründende Erlaubnis, ihm nicht abzusprechen ist; es auch nicht schadet, daß wer gesunde Fäuste hat, responsa ediert, quia superflua non nocent; 1. 94. ff. de R. J.

Dennoch aber und dieweilen ein Unterschied zwischen den Rechtsgelehrten zu machen ist, neque ulla juris ratio aut aequitatis benignitas patitur, ut quae salubriter pro utilitate hominum introducuntur ea nos duriore interpretatione contra ipsorum commodum producamus 1. 25. ff. de LL. Noch sehr alltägliche, aus jedem Compendio zu schöpfende Entscheidungen, für merkwürdig anzugeben sind, si enim quid venditor de mancipio adfirmaverit idque non ita esse, emptor queratur, aut redhibitorio, aut aestimatorio judicio agere potest. 1. 18. ff. de aed. Edicto. In facto aber erhellt, daß z. B. die Fragen: Ob pacta familiae, in so fern sie die Familien betreffen, einen lehnherrlichen Konsens brauchen; ob Lehnsunfähige wegen zum Besten des Lehns verwendeter, oder gar per pacta darauf gelegter Schulden die fructus feudales in Anspruch nehmen können; ob, gleich nach dem Verkauf, verreckte Ochsen und finnige Schweine redhibiert; Pferde und andere Tiere aber propter vitia animi nicht redhibiert werden können – daß sagen wir, diese und alle andere hier vorkommende Fragen nichts weniger als merkwürdig sind; dieselbe auch nicht mit solcher Weitläuftigkeit ausgeführt werden durften, Tales enim ambages nobis decidentibus, sagt der große Kaiser Justinian, 1. 22. §. 1. C. de furtis et Servo corr. und, quae superflua sunt, minime debent intercedere. 1. 28. pr. C. de Test, wie auch veteres circuitus corrigentes sive tollentes 1. f. C. de Adopt. it. circumductiones inextricabiles, vanam observationem et incuriosa rhapismata, quorum nullus rationabilis invenitur exitus, jubemus quiescere. 1. fin. C. de Emancip. noch mit zwölf Doctoribus (p. 10.) bewiesen werden sollen, was in einem Gesetze deutlich steht: Nec in judicio, nec in alio certamine ubi leges necessariae sunt, ex aliis libris, nisi ab iisdem institutionibus, nostrisque digestis et Constitutionibus a nobis promulgatis, aliquid recitare vel ostendere conetur: § 29. Const. Just. de Conf. dig. solcherlei Responsa endlich auch nur gegeben werden sollen, ut judices secundum ea judicent. §. 10. J. de J. N. et G. nicht wie es in der Vorrede heißt: »Damit angehende Rechtsgelehrte sich derer bedienen und bei dem Mangel eines Büchervorrats wenigstens die erforderliche Rechtsstellen daraus extrahieren mögen, und damit der Verleger sich bei dem Publikum beliebt mache etc.« als wodurch, nicht allein die angehenden Rechtsgelehrten leicht die 1. 24. ff. de legg. notatam incivilitatem begehen können ut lege non tota perspecta, una aliqua particula ejus proposita, judicent et respondeant, sondern auch das viele unnützige Zeug, das täglich gedruckt wird, noch vermehrt, der Aufwand auf die Bücher noch vervielfältigt, und die Gelehrten, wie die Barbaren gehalten werden, quibus aurum, si apud eos inventum fuerit, subtili ingenio auferendum 1. 2. C. de Commerciis.

So halten wir dafür, daß diese Bogen, des Hrn. Verf. Ehre in alle Wege unbeschadet, ungedruckt hätten bleiben können, und ihre Fortsetzung, ne malum serpat, wo möglich, durch gütliche Wege zu deklinieren sei.

Dieses ist unser Urteil und zugleich ein Muster von der Schreibart und Methode des Herrn Verf. der übrigens ein sehr wackerer und in seinem Amte geschickter Mann sein kann.

Frankfurt und Leipzig

Deutsche und Lateinische Chrestomathie zum Gebrauch der Schulen und Gymnasien. 1772. Zusammen 16½ Bog.

Fabeln, Historien, Briefe und moralische Maximen; das sind die Ingredienzen dieses Elexiers. – Es ist schwer das Beste auszusuchen, zumal für Kinder; und wenn das das Beste ist, was hier zusammen gerafft worden, so ists schlimm. – Aber, laßt sie nur! es kommt alles auf den Mann an, der es zu brauchen weiß. Wir glauben in gutem Ernst, daß mancher mit einem bloßen ABC Buch einen weit bessern Menschen bilden; mit dem bloßen ABC Buch seinen Schüler weit näher an die Grenzen der wahren Gelehrsamkeit bringen kann, als ein anderer aus der schönsten *Chrestomathie*. Der Himmel erwecke einen Mann, der unsre Kinder frühe leben, und denken und spat lesen lehre. Wahrlich nur der wird die Wissenschaften ihrem Endzwecke gemäß brauchen; wird euch in euren Ämtern selbst auf euern Lehrstühlen in Kirch und Schule, in seinem Hause, überall wird nur der Bürger, Vater, Freund, nur der Mensch sein, der ehe gelebt hat, als gelesen! Und ist es dann Zeit, ihn in die Wissenschaften zu führen; es sei Spekulation oder Handwerk; er wird gewiß, gewiß mit Riesenschritten gehen, und bald eure ewige Schüler einholen, bald überlaufen; denn er geht selbst, jene werden nur immer in Sänften getragen, die alle zween Schritte ausruhen, und alle Viertelstunde umgeworfen werden!

Ohne Anzeige des Orts Das Lob der Mode, eine Rede gehalten und gedruckt nach der Mode. 1772. 4tehalb Bogen.

– – Und auch geschrieben nach der Mode; das ist herzlich schlecht!

Frankfurt am Mayn

Zufällige Gedanken über die Bildung des Geschmacks in öffentlichen Schulen; von *J.G. Purmann*. Sechs Program. von 1770-1772. 4. 19½ Bogen.

Es ist hier gewöhnlich, daß bei den halbjährigen Examinen des hiesigen Gymnasiums, der jedesmalige Rektor in einem öffentlichen Anschlag dazu einladet. Herr *Purmann* hat bei sechs auf einander folgenden Gelegenheiten dieser Art, zu seinen Aufsätzen die interessanteste Materie gewählt, die ein Schulmann nur finden kann; und diese bloße Wahl muß für ihn ein gutes Vorurteil erwecken, das in der Ausführung auch durch viele sehr gute Anmerkungen bestätigt wird. Die erste Abteilung beschäftigt sich mit einer philosophischen Untersuchung über den Geschmack; die andere handelt von dem Einfluß der Muttersprache auf den Geschmack; die drei folgenden vom Lernen der alten Sprachen und Lesen der alten Autoren; die letzte vom Übersetzen. Der erste Teil hat uns am wenigsten Genüge geleistet, weil wir über diese Materie anders denken als der Hr. Verf. Er glaubt, daß der Geschmack nicht bloß in der Empfindung bestehe, sondern auch Raisonnement erfordere. Wir glauben aber, daß er Geschmack, und Theorie der s. W. u. K. offenbar verwechsele; jener ist unsers Bedünkens nach bloß Empfindung; diese raisonniert, und wenn sie vernünftig ist, bloß nach psychologischen Erfahrungen. Ferner folgt der Hr. Verf. der gewöhnlichen Erklärung vom *Schönen* das nach ihm aus »Mannigfaltigkeit mit Einförmigkeit verbunden, die uns interessiert bestehn soll«. Wir gehören mit unter diejenige, welche wie Aristoteles, den der Hr. Verf. anführt, die Frage: *Was ist schön?* für die Frage eines Blinden halten; und wir glauben, das Schöne ist so wenig zu erklären, als das Süße, das Bittere, das Helle u. dgl. Wir finden einzle Farben, einzle Töne schön; wir finden eine unendliche Gegend, deren Einförmigkeitspunkt wir nicht sehen, vielleicht nie sehen können, oft sehr schön; und der Zusatz: *der uns interessiert,* will mehr nicht sagen, als: *den wir fühlen;* d. i.: schön ist, was wir als schön empfinden. Die einzige beste Erklärung des Schönen, die wir kennen! Endlich sagt der Hr. Verfasser, wie gewöhnlich: Nachahmung der Natur sei der Zweck und der Grund der schönen Wissenschaften. Das ist, dünkt uns ganz falsch; höchstens lassen wir diesen Satz als Regel, nie aber als Grundsatz gelten. Wo ahmt der Tonkünstler nach? wo der Baumeister? Wir glauben überhaupt, daß das Genie nicht der Natur nachahmt, sondern selbst schafft wie die Natur. Da fleußt eine eigene Quelle gleich der andern, aber nicht nach ihr gemacht, sondern wie sie aus dem Felsen geboren, – laßt die Springwerke nachahmen! Man muß nur Natur und historische Wahrheit nicht miteinander vermischen. Wann ein *Oßian,* der selbst Held und Sänger war, von Schlachten singt, so sagt er nicht nach, was die Natur andern in dem Fall eingibt, sondern was er selbst fühlt. So singt Homer, Theokrit, Anakreon und die Besten – so singt Kloppstock meist. Ohne Hirten oder Helden zu sein, fühlen und reden sie wie Helden und Hirten. Malen sie hier und da, so ist malen nicht nachahmen. Die Hütte, die im Bache widerscheint, ist ein so natürliches *Bild,* als die, die am Ufer steht, natürliche Hütte ist. Das ist nicht kritische Kleinigkeit. In der andern Abteilung werden sehr gute Bemerkungen über die Muttersprache gemacht, und gezeigt, wie der gute Geschmack in der Wahl der Worte und Ausdrücke zu Werke gehen müsse; auch insbesondere ein guter Vorschlag getan, daß die Schüler, Schriften ihrer Landsleute zu lesen und zu deklamieren angehalten werden sollten. Dieser Vorschlag ist auch, wie wir vernehmen, in dem hiesigen Gymnasium eingeführt. Die dritte Abteilung geht über auf die Erlernung der lateinischen und griechischen Sprache, die zu Bildung des Geschmacks nötig ist. Der Hr. Verf. widerlegt die besondern Realisten, die von der alten Sprache nichts wissen, oder sie wenigstens aus neuen Autoren lehren wollen. Er zeigt dabei, daß das Wörter und Reglen lernen eine abgeschmackte Folter der armen Jugend sei, die ein denkender und fleißiger Lehrer ihr wohl ersparen könnte. Wie gerne hören wir den Schulmann gegen Pedanterie predigen! In dem vierten Abschnitt wird vom wörtlichen Verstand der alten Autoren gehandelt; In dem fünften Abschnitt wird gezeigt, wie der Lehrer die Schönheiten der Autoren auszeichnen soll. Die Bemerkung, daß der Lehrer sich hier nach dem Genie des Schülers richten, und die Schönheiten ihm sonderlich empfindlich machen soll, die auf ihn den meisten Eindruck tun, ist sehr gut. Herr *Purmann* und seines Gleichen mögen sie auch anwenden, doch wie vielen ist sie unbegreiflich! Wir wünschten aber nicht, daß diese Schönheiten zerlegt, sondern nur, daß die Empfindung des Jünglings gerieben würde, um den Funken zu fangen. In Religion, Politik und Erziehung geht man selten den rechten Weg, wenn man gerade zugehen will. In dem letzten Abschnitt werden die Schwierigkeiten aufgesucht, die mit einer guten Übersetzung verbunden sind, und da wird geraten, die Schüler zu guten Übersetzungen anzuhalten. Das müssen wir billigen; alles Nachahmen aber, das am Ende empfohlen wird, hassen wir. Wir wissen, daß es manchen zum Ruhm ausgelegt wird, daß sie schrieben wie *Cicero* oder *Tacitus;* aber es ist immer ein Beweis von einem Mangel des Genies, wenn man in dieses Unglück verfällt.

Auch ohne unser Erinnern merkt man, daß Hr. *Purmann* sich bloß auf das eine Mittel der Bildung des Geschmacks; die Lesung der Alten eingeschränkt hat. Freilich da unsere Lehrer und Schüler immer nur zusammen *lesen*, nie zusammen *leben*, konnte er seiner Absicht nach, keinen bessern Weg gehen; und er verspricht nur zufällige Gedanken, keine Komposition. Sonst würden wir vorzüglich gewünscht haben, daß er, vor allen Dingen, aus Blick auf die Natur, den Geschmack zu bilden, geraten, und Mittel angegeben hätte, wie man junge Gemüter erziehen und unterrichten soll; daß sie nichts als schön empfinden, als was wahr und schön in der Natur ist. – Aber den Jüngling, dessen Geschmack ihr nun so gebildet habt, wie unglücklich werdet ihr ihn in der Welt gemacht haben, womit er leben muß? Unter den scheußlichen Formen, die ihn überall umringen? Gewiß unglücklich, wenn ihn nicht sein Genius in einen auserwählten Zirkel führt, wo seine nach wahrer Schönheit schmachtende Seele gesättigt wird!

Leipzig

Zwei schöne neue Märlein: als 1.) von der schönen Melusinen; einer Meerfei. 2.) *von einer untreuen Braut*, die der Teufel holen solle. Der lieben Jugend, und dem Frauenzimmer zu beliebiger Kurzweil in Reime verfasset. In der Jubilatemesse 1772.

Allerdings wäre in den Märlein und Liedern, die unter Handwerkspurschen, Soldaten und Mägden herumgehen, oft eine neue Melodie, oft der wahre Romanzenton zu holen. Dann die Verfasser dieser Lieder und Märlein schrieben doch wenigstens nicht fürs Publikum, und so ist schon *zehn* gegen *eins* zu wetten, daß sie weit weniger verunglücken müssen, als unsre neuere zierliche *Versuche*. Meistens ists ein munterer Geselle, der den andern vorsingt oder den Reihen anführt, und also ist wenigstens die Munterkeit keine Prätension, und Affektation. – Der Herr Student, der diese Märlein versifiziert hat, versifiziert sehr rein, soll aber dem ohngeachtet keine Märlein mehr versifizieren, denn ihm fehlt der Bänkelsängersblick, der in der Welt nichts als Abenteuer, Strafgericht, Liebe, Mord und Totschlag sieht, just wie alles in den Quadraten seiner gemalten Leinwand steht. Weder naive Freude noch naive Wehklage der Menschen, aus Ritter- und Feenzeiten, deren Seele eine Bildertafel ist, die mit ihrem Körper lieben, mit ihren Augen denken, und mit ihren Fäusten zuschlagen – bei denen alles merkwürdige ihres Lebens, wie in *Schackespears* Haupt- und Staatsaktionen, innerhalb 24 Stunden unserem Auge vorrückt – sondern das alles könnte mit allen Ehren in Halberstadt gemacht und gedruckt sein.

Halle

Vorteile geheimer Gesellschaften für der Welt. 1772. 2 Bog.

Der Verf. beweist sehr possierlich, daß geheime Gesellschaften sehr nützlich sein können, und daß es sonderlich die ist, von welcher er Mitglied zu sein, die Ehre hat, und die mit dem ersten Buchstaben A. heißt. Ohne die andern Buchstaben wissen zu wollen, glauben wir gern, daß diese Gesellschaft viel Gutes stiftet, aber diese 2 Bogen wird sie doch nicht mit in Rechnung bringen?

Frankfurt und Leipzig

Über die Mode und deren Folgen. 1771. 2½ Bogen.

Der Verf. sollte sein Talent, Küchenzettel zu verfertigen, das ihm S. 22. in seiner Ehe gute Dienste leistet, zu seiner einzigen Beschäftigung machen.

Englische schwarze Kunst

Charlotte, Königin von Grosbritannien, von *Zoffany* gemalt, von *Hourden* gearbeitet. Der schöne Gedanke, die Königin an einem offnen Fenster vor einem Blumenstock mit gefaltenen Händen sitzend, unerschüttert von dem Feuerwetter, das ihr zur Seite von dem Wald herabströmt, ist höchstübel ausgeführt. Die zerstreuten Lichter auf dem Kleide, dem Tische, dem Blumentopf, ziehen das Auge herum, daß der Hauptgedanke auch einem Aufmerksamen entwischen könnte.

Georg, König von Grosbritannien, von eben demselben. Ihro Majestät sitzen in kavalierer Selbstgenügsamkeit, die Hände auf die Schenkel gestützt, so da, als wollten sie zur Jagd reisen, oder kämen von der Jagd. Hut und Degen liegen auf dem Tische darneben.

Ihro Königl. Hoheiten *Georg Prinz von Wallis und Friedrich, Bischof von Osnabrück.* Gezeichnet und gearbeitet von *Lovery.* Zwei allerliebste Knaben, brüderliche Gestalten, stehn in jugendlicher Einfalt, ruhigem Gefühl ihrer Würde neben einander, als zeigten sie sich vom Balkon dem Volke.

Die Königliche Familie, nach *Zoffany,* von *Earlom* gearbeitet. Eine sehr unbedeutende Komposition. Der König steht im Galakleide und theatralischer Stellung an einen Säulenfuß gelehnt, die Königin hält ein Kleines, ein andres Prinzeßgen lehnt sich an ihren Schoß; der Prinz von Wallis und der Bischof von Osnabrück stehen gegen über, (eben die Figuren des vorhergehenden Blatts scheinen daher genommen) und die übrigen sitzen wo sie können.

The miser and his mistress. nach *Holbein* von *Dawe.* Ein dickes wollüstiges Weib arbeitet mit hämischer Freude einem Kerl, der schreiend die Zähne fürchterlich bleckt, einen Geldbeutel wegzureißen, den er mit beiden Armen fest hält. Holbeins trockne und abgeschnittne Manier ist nicht für schwarze Kunst, deren Verdienst im weichen Verschmelzen liegt. Daher ist dieses Stück hart.

Il penseroso, eine hohe Ruhe auf einem edlen weiblichen Gesichte, die Gestalt ansehnlich, und das ganze wohl zum Zwecke gehalten.

L'Allegro, eine tanzende freundliche Figur in allem weit unter dem vorhergehenden. Beide nach *Romney* von *Dunkardon.*

The parting of Hector and Andromache, nach *Angelika Kaufmann* von *Watson.* Eine kalte steife Theatergruppe, unbedeutende Gestalten aneinander gestellt, ohne Geist und Leben.

Henry Fox Esquire etc. nach *Ramsay* von *Ardel.* Ein stattlicher Mann in den Jahren der Geschäfte und Ehrenstellen. Was von den meisten englischen Portraits gilt, müssen wir auch hier sagen. Ihre Würde leuchtet aus ihrer Gestalt, nicht wie bürgerliche Edelleute mit Tressen besetzt, mit Franzen behangen, mit Orden ausgezeichnet. Und ihr tiefes Gefühl, das wir sombre nennen, gießt die Haltung drüber. Auch hat uns oft der Anblick des Portraits einer englischen Dame zu Lieb und Achtung gefesselt, die in einfachem Kleid sich auf den Geist ihres Blicks verläßt; nicht den Maler zwingt, mit Schneider und Putzmacherin zu wetteifern.

The Infant Jesus, nach *Domenichino* von *Earlom.* Ein nackendes Kind auf Windlen hingestreckt, das sich seiner Glieder freut, und besseren Fortkommens in der Welt halben, Jesus getauft worden ist.

Göttingen und Gotha

Einleitung in das Studium der Antike, oder *Grundriß einer Anführung zur Kenntnis der alten Kunstwerke*, zum Gebrauch bei seinen Vorlesungen, entworfen von Christ. Gottl. Heyne. 8. 24 S.

Das Studium der Kunst des Altertums ist so Mode geworden, daß jeder sich nach einiger Wissenschaft davon bemüht, und sollt er sie auch vom Hörensagen erschnappen. Wie viel Dank verdient daher ein Mann, der bei seiner ausgebreiteten Literatur, Fleiß und Biegsamkeit genug besitzt, sich durch ein neu-eröffnetes benachbartes Feld durchzuarbeiten, und dann seine erworbene Kenntnisse so brauchbar zu machen, wie hier der Hr. Prof. tut. Es sind Paragraphen, die er sonst zu diktieren pflegte, nunmehr zu mehrerer Bequemlichkeit abgedruckt. Kurz und bündig ist jedes Komma, ein Samenkorn, Hoffnung dem Jüngling, der sich des Hrn. Prof. Unterricht naht. Man erkennt, daß er sich in dieses Fach ganz einstudiert. Und da uns nachgeschriebene Hefte auch zu Gesichte kommen sind, haben sie uns die vorteilhafteste Idee von der Ausführung im Vortrage gegeben. Das Ganze ist in drei Abschnitte geteilt.

I. Abschnitt. Von den alten Kunstwerken überhaupt, und von den verschiedenen Arten der Kenntnisse derselben.

II. Geschichte der Kunst überhaupt, und Nächrichten von den Kunstwerken der Ägyptier, der Perser und der Etrusker insonderheit.

III. Kenntnis der Kunstwerke, die sich von den Griechen und Römern erhalten haben; und zwar, insonderheit wird gehandelt 1.) von den Statuen, 2.) von den Büsten, Hermen und Köpfen; 3.) von den erhobnen Bildwerken; 4.) von den geschnittnen Steinen; 5.) von den Gemälden.

Im mündlichen Vortrage weiß der Hr. Prof. die Beschreibung des Kunstwerks, durch die Meinungen der Ausleger, Urteile der Kenner, bis auf die neusten Streitigkeiten nützlich und interessant zu machen. Eine Anzeige, wo sich Kupfer davon finden, und den Platz, wo es steht, pflegt er hinzuzufügen.

Poitiers

Ecole de la Vertu, ou Lettres Morales, utiles à toutes personnes pour se conduire dans le monde, principalement à la jeunesse. 1772. 8. 252 S.

Unsre Leser sehen schon aus dem Titel, daß dieses Werkchen unter die Pomaden, Schönheits Essenzen, Konservationswasser, u. dgl. die uns aus Frankreich kommen, zu stellen ist. Auch hier heißts: wenns nicht hilft, so schadets nicht. Die Briefe sind von Jemand, an Jemand, nach dem der Verf. etwas abhandlen wollte, die Schändlichkeit der Spielsucht, der Verschwendung, der Liebe zur Jagd, u.s.w. Und da heißts immer: ich sahe einen, der machte es so und so arg, da bekam ich einen Abscheu davor, und ihr werdet auch einen Abscheu davor bekommen.

Englische Kupferstiche

Von der *Boydellschen* Sammlung ist der zweite Teil geendigt.

56 und 57. nach *Hogarth.* Das erste, *den Teich von Bethesda* vorstellend. Der Engel ist eben von der Berührung aufgeflogen, ein Muselmann ist sehr beschäftigt, ein Mädchen in den Teich tragen zu lassen, die, wie man aus den Flecken ihrer nackten Gestalt erraten kann, mit einem neumodischen Übel behaftet ist. Einer seiner Knechte stößt eine arme Frau zurück, die ein krüppelicht Kind an das Wasser trägt, umher stehn gräßliche Gestalten, und Christus unterredet sich vorn mit dem Gichtbrüchigen. Von *Ravenet* gestochen.

Das andre, gestochen von *Picod,* ist *der barmherzige Samariter.* Die Hauptfiguren sind gleichfalls unbedeutend, dafür ist der Priester desto lächerlicher, der auf einen benachbarten Hügel angelangt, einen Menschen zu seinen Füßen ausgestreckt liegen hat; mit aufgeworfner Nase, in die Ärmel gesteckten Händen steht er in dummer Behaglichkeit da, fühlt sich groß gegen den im Staub, und wird seines Pfads auch vor dem vorbeiwandlen.

59. 60. Zwei *Landschaften* nach *Claude Lorrain.* Kinder des wärmsten poetischen Gefühls, reich an Gedanken, Ahndungen und paradiesischen Blicken. Das erste, gestochen von *Mason,* ein *Morgen.* Hier landet eine Flotte, von der Morgensonne, die überm Horizont noch im Nebel dämmert, angeblickt, an den Küsten des glücklichsten Weltteils; hier hauchen Felsen und Büsche in jugendlicher Schönheit, ihren Morgenatem um einen Tempel edelster Baukunst,

ein Zeichen edelster Bewohner. Wer bist du? der landet? an den Küsten, die von Göttern geliebt und geschützt, in untadelicher Natur aufblühen, kommst du mit deinen Heeren, Feind oder Gast des edlen Volks? Es ist *Aeneas*, freundliche Winde von den Göttern führen dich in den Busen Italiens. Heil dir, Held! werde die Ahndung wahr! der heilige Morgen verkündet einen Tag der Klarheit, der hohen Sonne, sei er dir Vorbote der Herrlichkeit deines Reichs, und seiner taggleich aufsteigenden Größe.

Das zweite! herabgestiegen ist die Sonne, vollendet ihr Taglauf, sinkt in Nebel, und dämmert über Ruinen in weiter Gegend. Nacht wird zur Seite hier der Felsenwald, die Schafe stehn und schauen nach dem Heimweg, und mühsam zwingen diese Mädchen die Ziege zum Bade im Teich. Zusammengestürzt bist du Reich, zertrümmert deine Triumphbogen, zerfallen deine Paläste, mit Sträuchen verwachsen und düster, und über deiner öden Grabstätte dämmert Nebel im sinkenden Sonnenglanz.

Englische schwarze Kunst

Ryland hat angefangen, eine Sammlung herauszugeben, die an die sechzig Stück nach den besten Meistern gearbeitet, enthalten soll. Uns sind das erste und dritte zu Gesichte gekommen, beide mit großer Delikatesse und Verstand ausgeführt.

Das erste. Die *Königin Charlotte* tritt, einen Lorbeerkranz in der herabhängenden Hand, zu dem schlafenden *Genius* der schönen Künste, und rührt dessen Arm an. Eine Harpfe und andres Beiwesen bezeichnen ihn. Die Kopfstellung der Königin ist etwas indifferent, zwar Portraitgemäß, sieht sie halbprofil den Zuschauer an. Die Komposition ist ungemein simpel, anständig, so gar groß, und macht *Angelika Kaufmann* Ehre, nach der es von *Th. Burk* gearbeitet ist.

Das dritte. Nach *Vandyk* von eben dem *Burk*. Das Knäblein *Jesus* empfängt mit viel Wärme das Kindlein *Johannes* an seinem Busen. Das Gemälde ist schon aus Kupfern und Kopien bekannt. Hier erscheint es abermal zu seinem Vorteil, ohne daß der finstre Grund mit dem hohen Lichte des Fleisches vielleicht zu sehr kontrastiert.

Boydell verlegt: A Philosopher Shewing an experiment on the air pump. Nach *Wright* von *Green*

Claude Lorrain

Aeneas' Landung an der Küste von Latium

Das arme Täubgen in der Luftpumpe ist auf dem Punkte zu ersticken, einige von der Gesellschaft sehn aufmerksam, andre bewegt, und ein junges Mädchen, die ein Mann deutend auf die Merkwürdigkeit aufmerksam machen will, wendet ihr Gesicht tränend weg, und verbirgts in die Hände, ihre jüngre Schwester drängt sich beängstet an sie.

A Philosopher Giving a lecture on the Orrery, nach *Wright* von *Pether*. Compagnon zum vorigen, und, wie's zu gehn pflegt, erzwungen, und ohne Interesse. Groß und klein stehen um ein Systema des Planetenlaufs, und gaffen drein. Vielleicht soll nach des Künstlers Willen in der ernsten Miene der Zuschauer zu lesen sein: Wie groß ist Gott! Wir habens nicht drinnen gefunden. Auch die Kreise, die über die Maschine gehn, machen zu viele schmale Lichter, und den ersten Anblick unangenehm.

A Blacksmith Shop, nach *Wright* von *Earlom*. Ein fürtreffliches Blatt. Drei Schmiede sind mit einer eisernen Stange beschäftigt. Der eine, der sie fest, und ihre glühende Spitze, wodurch das Ganze erleuchtet wird, auf den Amboß hält, wird von hinten gesehen und beschattet. Jenseit des glühenden Eisens steht ein junger Mensch, der, ich weiß nicht was, dazu beiträgt. Indessen der Meister mit verdrüßlich abgezehrtem Schmiedegesicht die Mühseligkeit vollkommen ausdrückt, mit der er den schweren Hammer aufs Eisen schmettert. Die Funken sprützen, und zwei Knaben, die zu nahe dabei stehen, halten die Arme vors Gesicht u.s.w. Nur müssen wir bemerken, daß bei näherer Untersuchung uns die Zusammensetzung hier und da willkürlich geschienen hat. Die Figuren stehn nicht alle, weil sie da stehn mußten, sondern, weil der Maler eine Masse Licht und Schatten brauchte.

The Presentation in the Temple, von *Earlom* nach *Rembrand*. Auf Marien und dem Knäblein ruht das gepackte Licht. Die Lappen und Franzen, womit der Hohepriester behängt ist, verzeiht man diesem Künstler gern.

Eliah raising the Widow's Son. Von eben denselben Künstlern. Ein liebes Knäblein tot auf einem Bette, dahinten ein ehrlicher bärtiger Alter, der betend gen Himmel schaut, und ein erbärmlich Gesicht macht.

Nach *Penny* von *Pether. The Continence of Chev. Bayard.* Der Ritter verweist mehr ängstlich als ernstlich, der vor ihm knienden alten Frau ihr Vergehen, das gerettete Mädchen steht weinend in der Ferne. Die Szene ein großes unmeubliertes Zimmer, hilft der Einbildungskraft in jene einfache Zeiten. Das Blatt tut eine gute Würkung, so wenig wir es auch für ein vorstechendes Kunstwerk preisen können.

Alexander and Philipp his Physician, nach *West* von *Green*. Eine meisterhafte Komposition, erhaben gedacht. Nur fürchten wir, der nachbildende Schwarzkünstler, habe den Ausdruck der Gesichter nicht delikat wieder gegeben. Alexander, der den Becher ausgetrunken hat, sieht mit einer Miene von Unbehaglichkeit Philippen an, der gleichfalls eine Grimasse von Erstaunen und Verdruß zieht. Vielleicht ists auch die Schuld des sonst großen Künstlers. Nicht einem ist alles gegeben!

Nürnberg

Joachims von Sandrart teutsche Akademie der Bau-Bildhauer und Malerkunst, in bessere Ordnung gebracht und durchgehends verbessert von *Joh. Jak. Volkmann,* Dr. Des zweiten Hauptteils zweiter Band, der in der Ordnung des Werks den Fünften ausmacht. 1772. fol.

Bei der neuen Ausgabe dieses Buchs, von der wir nicht untersuchen wollen, ob Künstler, Kenner, Liebhaber, oder Buchhändler am meisten gewinnt, war es die Absicht, dem Publikum eine vollständige Sammlung aller Sandrartischen Werke zu liefern, die zerstreut herausgegeben, teils rar, teils wegen des abenteurlichen Textes unbrauchbar worden waren. Man lieferte also *Kupfer,* wie man sie hatte und haben konnte. Originale der vorigen Ausgaben, Nachstiche, Aufgestochne; und den *Text* reinigte Herr V. von allem üppigen Auswuchs krauser Diktion, von aller übelangebrachten Gelehrsamkeit, und verschnitt das über sein Kunstleben raisonnierende, allegorisierende, radotierende, schändisierende Genie, zu einem feinen kalten Reisenden, zum trocknen Handwerker, willkommen in guter Gesellschaft, im gemeinen Leben; quoad formam versteht sich, und das Innere blieb wies konnte. Die Abhandlungen, als Theorien, nicht halb, nicht ganz, und die Auslegungen ziemlich gemein. Gleich in der Vorrede zum ersten Teil, deklarierte und protestierte Herr V. er sei nicht Willens den mindsten Real Aufwand zum Besten dieses Werks zu machen, weil es doch einmal *Sandrarts* Werk sein und bleiben sollte; über dieser Versicherung hat er bisher so heilig gehalten, daß er auch gar in den Vorberichten, wo er freie Hand hatte zu sagen, was ihm auf dem Herzen lag, auch sogar da, wo er eins oder das andre einleiten will, so allgemein, so flach von der Kunst spricht, daß wir uns gewundert haben, und es nur damit erklären konnten: er habe *Sandrarten* nicht ganz verdunklen wollen, und daher sein Licht verborgen vor den Leuten. Dieser Teil enthält, *antike Basreliefs, römische Gärten* und *Verwandlungen Ovids.*

Der Vorbericht zu den Basreliefs hat uns gar nicht erbaut. »Sie sind ein wichtiges Stück der Kunst« sagt Herr V. Gut! warum aber gleich darauf? »Es ist bekannt, daß die Alten darin ihre geringe Kenntnis der Perspektiv verraten.« Fürs erste ist das nicht allgemein wahr, und wir dürfen uns nur auf Sandrarts Zeugnis selbst berufen, der im vierten Bande dieses Werks S. 13, die Alten in Ansehung des Perspektivs im Basrelief über die neuern setzt und spricht: »Die Alten haben dieses oft meisterlich beobachtet, und z.B. die fliehenden Figuren in der Entfernung so geringe angezeigt, daß man sie kaum sieht: welches einige neuere ganz verkehrt gemacht etc.« Fürs andre ist die Frage noch auszumachen: ob die sogenannten Fehler wider das Perspektiv im Basrelief, hier wirklich Fehler sein, oder ob sie nicht vielmehr, unter verschiednen Bestimmungen *notwendig* werden müssen. Und dann, wenn auch alle Basreliefs im strengsten Sinn sich dieser Sünde schuldig machten, wars der Platz, sogleich zum Anfang, wo man charakteristische Züge der Vortrefflichkeit und des Nutzens erwartet, den Halbkenner zu spielen und von Mängeln zu reden? Das ist, wie mit den *Flecken Homers*. Ferner deutet zwar Herr V. auf das Beispiel der größten Künstler, die nach den Basreliefs studiert haben; warnt aber gleich wieder vor denen zu dicht anliegenden nassen Gewändern, die oft zu enge, mit zu schmal laufenden Falten gearbeitet sind. »Die Franzosen nennen diese Manier steinern« sagt er. O ja! und hüten sich so sehr vor der steinernen Manier, daß man überall mit Lappen, Lumpen, Bändern und Franzen ihre Prinzen und Prinzessinnen überhängt sieht. – Und kein Wort zu sagen von der Wahrheit alter Gewänder, daß sie mit dem Körper geboren zu sein scheinen, da nichts willkürliches, alles für diesen Körper, für diese Stellung, diesen Ausdruck höchst pertinent, und doch bei der Simplizität so mannigfaltig, als es die neuern mit aller Verworrenheit nimmer leisten werden. Denn nur das wahre Einfache kann mannigfaltig sein, das Verworrne bleibt bei aller Abwechslung immer eben dasselbe. Zuletzt kommt Herr V. auf die *gute* Seite der Basreliefs. Da wären sie denn, dem Künstler eine Schule des Kostums: Daß er im Opfer und Hausgeräte keine Fehler begehe. Und das ist alles? Das Kostum ist für unser Gefühl eine sehr geringe Sache, ist auch von den größten Meistern auf die Seite gesetzt worden, ist sogar von einer Seite der Wirkung eines neuern Kunstwerkes höchst schädlich; es supponiert kritische Kenntnisse, oder einen Ausleger, oder beides ist kalt. Kostum versetzt uns in eine fremde, meist theatralisch zusammengeflickte Welt, wo wir nur angaffen. Ist des Künstlers Imagination so wahr, eine Geschichtssituation als Mensch zu fühlen, wird er sie fühlen, als wär's in seiner Gegenwart, in seiner Heimat geschehen; und die unbedeutende oder vielbedeutende (wie mans nimmt) Nebensachen, werden in seiner Seele all inländisch sein. Warum ist Rembrandt ganz Wahrheit, als Dichter und Maler, und als Archaiologe – vielleicht unter den Komödianten? – und doch versetzt er uns wohin er will. Die ersten Platten dieses Teils sind nach dem Werke Veteres arcus augustorum etc. die letzten nach den admirandis romanarum antiquitatum von *Bartoli* und *Bellori* von *J. J. Sandrart* herausgegeben worden. Jetzo erscheinen sie bis gegen die vierzig, teils noch gut, teils leidlich, nachher laufen so schändlich gekratzte Fratzen mit unter, daß Herr *Enter* sich vor den diis Manibus derer Sandrarts, die er lästert, scheuen sollte. Bei den Erklärungen sind die neuern kritischen Entdeckungen und Berichtigungen nicht gebraucht worden.

Zwote Abteilung. *Römische Garten.* Hier ist Herr V. schon mehr in seinem Fache, und man erkennt in dem Vorberichte einen Mann, der Reisebeschreibung durch Italien rektifiziert hat. Nicht sonderlich interessant ist diese Abteilung, der Plan der Gärten äußerst unbedeutend, und da auch die Aufrisse einen zu hohen Horizont haben, erscheint nirgends malerischer Blick.

Dritte Abteilung. *Ovidische Verwandlungen.* Weil doch alles von den *Sandrarts* beisammen sein sollte, mögen auch diese mit drein gehn, so sehr man sie in allem Betracht entbehren könnte. Die Wichtigkeit derselben, die der Vorbericht rühmt, sehen wir nicht ein. Denn überhaupt haben Ovids Verwandlungen der Kunst mehr geschadet, als genutzt. Der weiche wollüstige Dichter, bei dem alles auf das Vermehrungswerk abzielte, durch dessen Beschreibungen eine so kützliche Behaglichkeit herrscht, für welchen Künstler war er Dichter? nur für den, der gleich ihm das paradiesische Versinken in Genuß, in einer Leda, einer Danae zu schildern vermochte; und für den Landschaftmaler, der seinen glücklichen, heiligen Gegenden das Siegel der Vollkommenheit aufdrückte, wenn er Götter und Menschen, in höchster Behaglichkeit auf seine Rasen streckte, zwischen seinen Felsen im Teiche plätschern ließ. Andern hingegen, die so wenig fühlten, als dachten, wurden diese Gedichte Gemeinplatz, (Locus communis, Eselsbrücke.) Weil sie ihren Stücken keinen Charakter geben konnten, ward das Märchen Charakteristik, und unbedeutendste Staffage, wie biblische Historie. Was denn nun gar Verwandlung ist, macht einen ekelhaften Gegenstand. Wie läppisch sind hier unter *Sandrarts* Blättern, Arachne zur Spinne, Herr Luchs mit dem Dolche. Sein Genie zeigt sich hier eben nicht im Glanze; meist unbedeutende Gegenstände hat er gewählt, und die Komposition ist wieder so unbedeutend, ja gar oft schlecht. Wir haben sie zu Lackierbildchen nachgestochen, auf Teebretten figurieren sehn, da waren sie an ihrem Platz. Der Stich gab ihnen in der ersten Ausgabe noch einigen Wert, für diesmal hat Herr Christ. Engelbrecht, das Bißchen guten Kontur und Haltung gar auf die Seite geschafft. Die Beschreibungen sind denn, wie die Stiche, das kältste Skelett von Ovids Gestalten. Skelett von einem Märchen, an dem Leben und Farbe alles ist. Durch solche Bemühungen macht man schlechte Künstler. Nun die angefügten *Erklärungen* weiß Gott für wen die sollen. An sich taugen sie zusammen nichts. Denn in Ovids zusammengerafften Märleins, überall Allegorie zu suchen, ist Torheit, da man sieht, ein großer Teil ist nur aus einer abergläubischen Imagination über den unbekannten Ursprung der Dinge entstanden, ein großer Teil sind Pfaffenmärchen, wie die Götter mit Pestilenzpfeilen an übermütigen Sterblichen sich und ihre Priester rächen, und was dann noch übrig bleibt - wer mag das deuten. Relativ auf den Künstler sind sie zu gar nichts nütze. In dem einzigen Fall sogar, sie als Anspielung zu brauchen, ist die Allegorie zu weit gesucht.

Kupferstich

Pylades and Orestes, nach *West* von *Basire*. In ihrer Größe zeigt sich hier Vests Komposition. Mit gesenkten Köpfen stehn die beiden Freunde fast nackt, gebunden vor dem Altar, *Iphigenia* hält mitleidsvoll ihr Aug auf dem einen, eine unbedeutende Figur drängt sich gegen sie, und scheint die Entdeckung zu machen. Männlich gestochen.

Danzig

Unumstößlichkeit der natürlichen Religion. Aus dem Französischen, 1772. 8. 344 S.

Wenn wir uns nicht lange gewöhnt hätten, alle die Gaukeleien, Windbeuteleien, und Schelmereien, die in dem Reiche der Gelehrsamkeit seit einiger Zeit Mode werden, mit eben der Laune anzusehen, womit man, wenn man sonst nichts bessers zu tun weiß, an dem Theater eines jeden Marktschreiers verweilt; so würden wir uns über die Unverschämtheit ärgern müssen, womit der Übersetzer und Verleger dieser Bogen aufzutreten wagt. Da kommt ein Mensch, setzt sich mit einer vielbedeutenden Miene von Philosophie vor das Publikum und fängt an, den Menschen zu verdenken, daß sie vernünftig sein wollen; entschließt sich endlich, eben als obs so leicht getan wäre, selbst zu sein; schwatzt etwas daher von Gottes Existenz, der notwendigen Unvollkommenheit des Menschen, und von dem ins Herz geschriebenen Gesetz; und wenn er so bis S. 16. fortgeplaudert hat, ohne zu wissen was, so sagt er ganz treuherzig, er wolle einen Schriftsteller *abschreiben*, wo wir und er, alle unsre Pflichten finden sollten. – Er hält auch endlich Wort, und fängt an, das bekannte Buch *les Mœurs* von Anfang bis zu Ende treulich nach einer von den verstümmelten Ausgaben zu kopieren, in welchem der überall geschäftige Verfolgungsgeist, wie gewöhnlich, den besten Menschenverstand, und die wenigen vorstechenden Gedanken, die in diesem Buch liegen, als Auswüchse abgeschnitten hat. Endlich hängt er noch die weise Bemerkung an, daß das Buch nicht für Kinder wäre, und läßt dabei einen formalen Stammbaum abstechen, der alle Tugenden in ihre Äste verteilt, der lehrbegierigen Jugend etwa an der Wand im Schattenspiel, oder im Raritätenkasten zur Ergötzung und Nutzen vorgezeigt werden kann. – Dieses – Werk können wirs nicht nennen – diese Kopie ist aus einer französischen Sammlung, die unter dem Titel Pieces detachées relatives au Clergé seculier et regulier im vorigen Jahre heraus kam, entlehnt. Da möchte sie bleiben, aber ein so bekanntes Buch, und dazu unter dem ganz unschicklichen Titel: Unumstößlichkeit der natürlichen Religion wieder zu übersetzen; das ist, wenn man recht glimpflich von der Sache reden will, Buchführerindustrie, die hoffentlich dem Hrn. Flörke mehr nicht als einige Ballen Makulatur einbringen wird.

Kupferstiche

Timon of Athens; nach *Dance* von *John Hall.*

Die Szene Schäkespears, da Alcibiades mit den beiden Dirnen, zu dem Menschenfeind kömmt. Gierich nach dem Golde, in allen Reizen einer vollblühenden Jugend, eilt Phryne, ihr Schürzgen zum Empfang aufhaltend, auf Timon los, der nackend mit einem Felle bedeckt eine Schaufel in den Händen, da sitzt, das Gesicht voll Abscheues wegwendet und ihr Gold zuwirft. Timons Kopf ist trefflich gearbeitet, nur dünkt uns für das Ganze zu fein und delikat. Auch ist der Ausdruck zu scheußliche Verzerrung. Dagegen steht Alcibiades auf den Speer gelehnt, in erhabner Jünglingsgestalt da, und sieht ernst drein, wie tief der edle Timon gesunken ist. Timandra steht zu sehr zur Auffüllung des Platzes, zu sehr als Vertraute da.

Rud. Aug. Schubart; nach *Oesern* von *Bause*. Wir haben uns abermal gefreut, diese zween Künstler in Gesellschaft zu sehen. Oesers tiefe Empfindung, die im Portrait mehr den Charakter als den Menschen bildet, hat auch hier den ehrwürdigen, lieben Alten, mit solchen Charakterzügen vor unsern Augen geschaffen, daß die Unterschrift Carus omnibus nemini molestus, eine Tautologie mit dem Portrait macht. Und Bausens delikater Stichel hat abermal bewährt, wie er dem empfindenden Künstler nach empfinde. Nur müssen wir sagen, daß uns das Kind, so trefflich es auch gearbeitet ist, im Wege sitzt. Im Kupfer ist's durchaus schwer, und in der Willisch-Bausischen Manier vielleicht besonders, den Kopf, den Zweck des Portraits, merkwürdig genug zu machen; und noch dazu die zerstreuten Lichter auf dem Beiwesen. Uns kommt jede Portraitverzierung vor, wie Moos und Wispeln, die dem Baume die Kraft aussaugen.

Leipzig

Charakteristik der vornehmsten Europäischen Nationen. Aus dem Englischen. 8. 1ster Teil 16 Bog. 2ter Teil 14 Bog.

Das Werk ist aus dem Brittischen Musäum. Nun für ein Musäum war das kein Stück! ins Hinterstübchen mit; in die Küche, da ist sein Platz, je mehr berauchert desto besser! Charakter *polierter* Nationen! werft die Münze in den Tiegel, wenn ihr ihren Gehalt wissen wollt; unter dem Gepräge findet ihr ihn in Ewigkeit nicht.

So bald eine Nation poliert ist, so bald hat sie konventionelle Wege zu denken, zu handlen, zu empfinden; so bald hört sie auf Charakter zu haben. Die Masse individueller Empfindungen; ihre Gewalt; die Art der Vorstellung, die Wirksamkeit, die sich alle auf diese eigene Empfindungen beziehen, das sind die Züge der Charakteristik lebender Wesen. Und wie viel von alle dem ist uns polierten Nationen noch eigen? Die Verhältnisse der Religion, die mit ihnen auf das engste verbundenen bürgerlichen Beziehungen, der Druck der Gesetze, der noch größere Druck gesellschaftlicher Verbindungen und tausend andere Dinge lassen den polierten Menschen und die polierte Nation, nie ein eigenes Geschöpf sein; betäuben den Wink der Natur, und verwischen jeden Zug, aus dem ein charakteristisches Bild gemacht werden könnte.

Was heißt also nun Charakter einer polierten Nation? Was kanns anders heißen, als Gemälde von Religion und burgerlicher Verfassung in die eine Nation gestellt worden ist; Drapperie, wovon man höchstens sagen kann, wie sie der Nation ansteht. Und hätte uns der Verf. dieses Werkchens nur so viel gesagt; Nur gezeigt, wie die polierte Nation denn unter allen diesen Lasten und Fesslen lebt. Ob sie sie gedultig erträgt, wie Isaschar, oder ob sie dagegen anstrebt, sie bisweilen abwirft, bisweilen ihnen ausweicht, oder gar andere Auswege sucht, wo sie noch freiere Schritte tun kann; ob noch hier und da unter der Politur der Naturstoff hervorblickt; ob der Stoff immer so biegsam war, daß er die Politur annehmen konnte; ob die Nation wenigstens eigene, ihrem Stoff gemäße Politur hat oder nicht u. dgl. Vielleicht würde ein philosophischer Beobachter noch auf diese Art eine erträgliche Charakteristik zu Stande bringen. Aber der Verf. reiste gemächlich seine große Tour durch England, Frankreich, Italien, Spanien, Deutschland und die Niederlande. Blickte in seinen *Puffendorf,* konversierte mit schönen Herrn und Damen, und nahm sein Buch, und schrieb. Zum Unglück ist in der ganzen Welt nichts schiefer, als die schönen Herrn und Damen, und so wurden seine Gemälde gerade eben so schief; den Engländer verteidigt er immer gegen die Franzosen; den Franzosen setzt er dem Engländer immer entgegen. Jener ist nur stark, dieser nur tändlend; der Italiener prächtig und feierlich, der Deutsche sauft und zählt Ahnen. Alles vom Hörensagen, Oberfläche, aus *guten* Gesellschaften abstrahiert - und das ist ihm Charakteristik! Wie so gar anders würden oft seine Urteile ausgefallen sein, wenn er sich herunter gelassen hätte, den Mann in seiner Familie, den Bauern auf seinem Hof, die Mutter unter ihren Kindern, den Handwerksmann in seiner Werkstatt, den ehrlichen Bürger bei seiner Kanne Wein, und den Gelehrten und Kaufmann in seinem Kränzchen oder seinem Kaffeehaus zu sehen. Aber das fiel ihm nicht einmal ein, daß da Menschen wären; oder wenns ihm einfiel, wie sollte er die Geduld, die Zeit, die Herablassung haben? Ihm war ganz Europa feines französisches Drama, oder, was ziemlich auf eins hinaus kommt, Marionettenspiel! Er guckte hinein, und wieder heraus, und das war alles!

Zürch

Aussichten in die Ewigkeit, in Briefen an Zimmermann. Dritter und letzter Band. 1773. 8. 342 S.

Es war immer so und natürlich, daß der nach Ewigkeit hungernde und dürstende, solche Speisen sich droben in Phantasie bereitete, die seinem Gaumen hier angenehm waren, sein Magen hier vertragen konnte. Der weiche Orientaler bepolstert sein Paradies um wohlgeschmückte Tische, unter unverwelklichen Bäumen, von denen Früchte des Lebens über die Auserwählten und ihre ewig reine Weiber, herabhängen. Der brave Norde überschaut vor Asgard in den Tiefen des Himmels unermeßlichen Kampfplatz, ein erwünschtes Feld seiner unzerstörlichen Stärke, ruht dann, sein Glas Bier mit Heldenappetit auszechend, neben Vater *Odin* auf der Bank. Und der gelehrte, denkende Theolog und Weltkündiger hofft dort eine *Akademie*, durch unendliche Experimente, ewiges Forschen sein Wissen zu vermehren, seine Erkenntnis zu erweitern.

Herr *Lavater* wird uns verzeihen, wenn wir seinen Plan zur Ewigkeit, den er, nach sich berechnet, freilich für allgemein halten muß, nur für einen spezialen, und vielleicht den spezialsten ansehen können.

In dem ersten Teil S. 23. erklärte er sich schon, wie er sein Gedicht für den *denkenden und gelehrten Teil der Menschen*, besonders Christen, bestimme. Bisher hat er Wort gehalten, und eröffnet nur Aussichten für *Denkende* und *Gelehrte*, wenigstens ist mit allzugroßer Vorliebe für diese gesorgt, sie stehen überall vornen an, und *Neuton* und *Leibnitz* haben zu ansehnliche Vorzüge vor Bürgern und Bauern, als daß man nicht merken sollte, einer ihrer Familie habe den Hofstaat dieses Himmelreichs zu bestallen gehabt.

Herr L. macht kein Geheimnis, daß *Bonnet* ihm den ersten Anlaß gegeben. Wie deutlich sieht man nicht in dem zwölften Briefe, dem letzten des zweiten Bandes, eine Seele, die von Spekulation über *Keim* und *Organisation* ermüdet, sich mit der Hoffnung letzt, die Abgründe des *Keims* dereinst zu durchschauen, die Geheimnisse der *Organisation* zu erkennen, und vielleicht einmal da als *Meister*, Hand mit anzulegen, wovon ihr jetzt die ersten Erkenntnislinien nur schwebend vordämmern; eine Seele, die in dem großen Traum von *Weltall, Sonnendonnern und Planetenrollen* verloren, sich über das Irdische hinauf entzückt, Erden mit dem Fuß auf die Seiten stößt, tausend Welten mit einem Finger leitet und dann wieder in den Leib versetzt, für die *mikromegiscben* Gesichte, *Analogie in unsern Kräften, Beweisstellen in der Bibel* aufklaubt.

Von dem gegenwärtigen Teile, der dreizehn Briefe enthält, müssen wir sagen, daß sie nach unsrer Empfindung sogar hinter den vorigen zurückbleiben. Und wir haben in diesen Briefen nichts gesucht, als was uns der Verf. versprach, ausgegoßne Ahndungen, innige Empfindungen von Freund zu Freund, und Samenblätter von Gedanken; und statt allem diesem finden wir Raisonnement und Perioden, zwar wohlgedacht und wohlgesprochen; aber was soll uns das!

Schon da wir vor dem ersten Teile den Inhalt der zukünftigen Briefe durchsahen, machte es einen unangenehmen Eindruck auf uns, die Abhandlungen von *Erhöhung der Geistes, sittlichen und politischen Kräften,* in Briefe abgeteilt zu sehen. Was heißt das anders, als durch gelehrtes Nachdenken sich eine Fertigkeit erworben zu haben, auf *wissenschaftliche Klassifikationen,* eine Menschenseele zu reduzieren. Und da wir nun gar die Briefe selbst durchschauen, und finden, was wir vermuten konnten, aber doch immer weniger, als wir vermuteten. Im dreizehnten Brief »von Erhöhung der Geisteskräfte«, logisch-metaphysische Zergliederungen der Geschäftigkeit unsers Geistes, durch Multiplikation, jenes Lebens würdig gemacht. Er schließt, wie in den vorhergehenden Briefen: Heben wir hier eins, so heben wir dort tausend; als wenn nicht eben in diesem *Mehr* oder *Weniger* das Elend dieser Erde bestünde. Doch das geht durchs ganze Buch durch. Denn auch in diesem Briefe tritt *Erkenntnis* vornen an, die ewige *Wißbegierde, das systematisierende Erfahrungsammeln*. Hat er nie bedacht, was Christus den großen Hansen ans Herz legt: »Wenn ihr nicht werdet wie diese Kindlein« und was Paulus spricht: »Das Stückwerk der Weissagungen, des Wissens, der Erkenntnis werde aufhören, und nur die Liebe bleiben.« Aber ach! im vierzehnten Brief führt er die Liebe erst auf den Schauplatz; und wie? über unsre *sittliche Kräfte,* nach Anlaß *theologischer Moral* mit einiger Wärme *homiletisiert* er, daß Phrase die Empfindung, Ausdruck den Gedanken meist so einwickelt, daß alles zusammen auf das Herz gar keine Wirkung tut. Nicht besser ists im *fünfzehnten* und *siebzehnten* Briefe. In jenem sind uns die Knechtschaft und Herrschaft anstößig gewesen, biblisch-bildlich mögen sie sein, der

Empfindung sind sie nichts, und die Analogie aus diesem Leben nicht gedacht. Haben hier fünfzig Lässige nötig, durch Einen würksamen ermuntert zu sein, muß es hier Menschen geben, die Mittelpunkt sind und Sonne; aber dort, wo alles, Hindernis und Trägheit wegfallen soll –! Wir wollen uns in kein Widerlegen und Vordrängen *unsrer* Meinungen einlassen. In dem *siebzehnten* Brief von den gesellschaftlichen Freuden des Himmels ist viel Wärme auch Güte des Herzens, doch zu wenig um unsre Seele mit Himmel zu füllen. Dem *sechzehnten* Brief von der Sprache des Himmels wollen wir sein Wohlgedachtes nicht ableugnen, doch quillt auch da nichts aus der Seele, es ist so alles in die Seele hereingedacht. Der *achtzehnte* und *neunzehnte* Brief von Vergebung der Sünden, und den seligen Folgen des Leidens, werden hoffentlich die heilsame Würkung haben, gewisse Menschen über diese Materien zu beruhigen. Wir sagen gerne von den übrigen nichts; über das einzelne haben wir nichts zu sagen, wir sind viel zu sehr mit der Vorstellungsart, aus der Hr. L. schreibt, vertraut, als daß wir ihn, von denen Seiten schikanieren sollten, von denen er sich schon so viel hat leiden müssen: Und aus unserm Gesichtspunkt haben wir gesagt, was wir zu sagen hatten. Der grübelnde Teil der Christen wird ihm immer viel Dank schuldig bleiben. Er zaubert ihnen wenigstens eine herrliche Welt vor die Augen, wo sie sonst nichts als Düsterheit und Verwirrung sahen.

Noch einige Worte von dem zu erwartenden Gedichte. Hätte Herr L. für den empfindenden Teil der Menschen zu singen, sich zum Seher berufen gefühlt, er hätte übel getan, diese Briefe zu schreiben, würde sie auch nicht geschrieben haben. Er hätte empfunden für Alle. Die aus seinem Herzen strömende Kraft hätte Alle mit fortgerissen. Allein als Denker denkenden ein genugtuendes Werk zu liefern, da ihr ehe hundert Herzen vereinigt, als zwei Köpfe, da sollte er wohl Gesichtspunkte variieren, Skrupels aus dem Wege räumen, und dazu bestimmte er die Briefe. Wir wissen nicht, ob er den Zweck durch sie erreicht. Seinem alten Plan bleibt er getreu, seinen Gesinnungen auch, trutz allem Widerspruch. Da dünkts uns dann, er hätte doch besser getan, gleich mit der ersten Wärme ans Gedicht zu gehen, und zu wagen, was er doch noch wagen muß.

Wir wünschen ihm Glück zu seiner Unternehmung. Und wenn er irgend einen Rat von uns hören mag, so hat er über diese Materien genug, ja schon zu viel gedacht. Nun erhebe sich seine Seele, und schaue auf diesen Gedankenvorrat, wie auf irdische Güter, fühle tiefer das *Geisterall*, und nur in *andern* sein *ich*. Dazu wünschen wir ihm innige Gemeinschaft mit dem gewürdigten *Seher unsrer Zeiten*, rings um den die Freude des Himmels war, zu dem Geister durch alle Sinnen und Glieder sprachen, in dessen Busen die Engel wohnten: Dessen Herrlichkeit umleucht ihn, wenn's möglich ist, durchglüh ihn, daß er einmal Seligkeit fühle, und ahnde, was sei das Lallen der Propheten, wenn αρρητα ρηματα den Geist füllen!

(Frankfurt und Leipzig)

An meine Landsleute. 1772. 8. 1stes und 2tes Stück. 5 Bogen.

Das erste Stück enthält eine alberne Geschichte von einem Bauernjungen, der sich durch die gewöhnliche Mittel von Speichelleckerei, Empfehlung, Bestechung und Heuraten zum Oberamtmann und Oberinspektor empor geschwungen hat. Es soll Satyre sein; scheint aber pöbelhafte Personell-Anspielung.

Im 2ten Stück beweist ein König zween andern Königen in einer Art von Göttersprache, daß ein unterrichtetes Volk gehorsamer sei, als ein dummes, weil es seine Verhältnisse mit dem Staat besser verstünde. Der Geistlichkeit, die so gern Unwissenheit und Dummheit um sich her verbreiten möchte, werden bittere Wahrheiten gesagt. Im Ganzen aber haben Se. Majestät nicht überlegt, daß Religion, Politik und Gesetzgebung viel einfacher sein, viel andre Zwecke haben müssen, als sie bei uns sind und haben, wenn man das Volk so klug machen will. – Die Rede dieses Königs an, wie er die andern zween Könige nennt, seine Kameraden, ist sehr flach, obgleich der Ton so hoch gespannt ist, daß man ihn kaum erreichen kann. Wir wissen z. B. nicht, wie ein Land mit Schandsäulen befleckt werden kann. Auch sind die Ausfälle auf die Geistlichen zu hämisch. Wir freuen uns, so oft wir einen rechtschaffenen Geistlichen sehn, und vergeben um des einen willen, hundert andern ihre Fehler, Einfalt und Torheit von Herzen gern – Doch das mußte ihnen nach dem Plan des Verf. freilich gesagt werden, daß sie es nicht für Amtspflichten halten sollten, dem geraden Menschenverstand alle Auswege zu verrennen, und das Recht *zu lehren*, was sie wollen, und wie sie wollen, allein an sich zu reißen.

Französische Kupferstiche

Nach *Locatelli* hat *Benazech* zwei Blätter herausgegeben; das erste *Campagne de Grece*, und das andre *Pyramide Egyptienne* betitelt. Jedermann kennt die Ruinenstücke dieses Meisters, wie er sie oft mit Figuren, die eines Salvator Rosa würdig sind, hat zu staffieren wissen. Auf dem ersten Blatt sitzen im Vorgrund einige Figuren auf Ruinen, nur schade, daß alles so gearbeitet ist, daß der Reuter im Basrelief so gut hervortritt, als die lebende Figuren. Diese sind etwas unbedeutend, und man sieht hier nicht das geringste Interesse, beisammen zu sein. Der Vorgrund der *Pyramide Egyptienne* ist etwas lebendiger, mit Vieh und Hirten, die es tränken, angefüllt; nur sieht man an der Urne auf der einen, und an dem Bergschloß neben der Pyramide, auf der andern Seite, das Bedürfnis gar zu deutlich, die Landschaft zu sperren. Klima, Jahrszeit und Luft sucht der geneigte Leser übrigens hier vergebens, und es ist nichts als Theaterdekoration ohne einen Strich im Geiste der Antike, entweder des Egyptischen oder jedes andern Styls.

Jupiter et Europa, von *Bartolozzi* nach *Guido Reni* in roter Crayonmanier gestochen. Das ganze Blatt ist mit der Figur der Europa gefüllt, und man sieht vom Meer beinahe nichts, vom Stier nur den Kopf und die Brust, um die sich ihr Arm schlingt. Die Nymphe sieht gen Himmel mit dem Blick einer Madonna von *Guido*. Übrigens vortrefflich gearbeitet.

Berlin und Stettin

Allgemeine deutsche Bibliothek, des siebzehnten Bandes, erstes Stück, 1772.

1.) *Büschings Magazin für die neue Historie* und *Geographie*, Fünfter Teil. Er enthält abermals verschiedene die Geschichte von Spanien betreffende Aufsätze, die man dem Herrn M. *Plüer* zu danken hat.

2.) *Casanova, Abhandlungen über verschiedne alte Denkmäler der Kunst.* Was ein solcher Mann über seine Kunst lehret, ist für jeden ihrer Freunde höchst merkwürdig. Der Künstler, der immer so klein von theoretisierenden Gelehrten spricht, wird alle Nerven anstrengen, wenn er sich in Schriften mit ihm zu messen hat. Der Rezens. beklagt sich sonderlich über den zänkischen Stolz des Herrn *Casanova*, mit dem er *Winkelmannen* und *Leßingen* anfährt; wir mögen das gerne sehn; denn der beleidigte Genius des andern fährt auf, nicht ohne Nutzen des Publikums. Auch hat Hr. L. den hochfahrenden Künstler seiner Sterblichkeit erinnert durch eine Anzeige in den Braunschw. Zeitungen, die wir unsre Leser in dieser Bibl. p. 28. selbst nachzusehen bitten.

3.) *Stockhausens kritischer Entwurf einer auserlesnen Bibliothek.* Vierte Auflage. Damit wird übel verfahren, und von der Seite des, was es ist, mit Recht; wenn man aber auf der andern Seite denkt, was es sein kann, und nicht mehr, wie vielleicht eine solche *kritische* Bibliothek unmöglich ist, denn gut, schlecht, schön, lesenswert, drücken freilich den Gehalt nicht aus, und bestimmtere Urteile, wer soll sie geben? Der Mann von *Genie*? der wird uns sagen, was *ihm* die Bücher waren; Und der Literator? Das ist ja Hr. S. ein sehr mittelmäßiger vielleicht; So laßts denn, daß zu jeder neuen Ausgabe, Freunde und Feinde, Professores und Rezensenten ihre Beiträge und Tadel dazugießen, und zuletzt einer darein tritt, der alles Urteil heraus schmeißt, und die von so mancherlei Köpfen gewählte und gestoppelte Bücher, nach dem Seinigen meistert und in literarischen Reihen die Titel ordnet.

4.) *S. J. Baumgartens ausführlicher Vortrag der biblischen Hermeneutik,* herausgegeben von *Bertram.* Aus diesem Buche, das mit allen nachgeschriebnen oder sonst erbeuteten und dann gedruckten mündlichen Vorträgen die gemeinschaftlichen Fehler hat, ziehen sie aus einem Wüste guter, unrichtiger und unbedeutender Erläuterungen solche heraus, die zwar mit dem *Baumgartenschen* System nicht übereinstimmen, die aber aus einer nachfolgenden richtigeren Erkenntnis hinzugefügt zu sein scheinen. Z. B. »Daß man die Begriffe zu den Redensarten, welche in den Büchern Mosis vorkommen, nicht aus dem Jesaias, noch weniger aus dem N. T. entlehnen müsse.«

5.) *Nova acta physico medica Ac. Caes. L. C. Naturae curios. exhibentia Ephemerides etc.* Tomus quartus. Von den darin enthaltenen 59 Abhandlungen werden die vorzüglichsten kürzlich angezeigt.

6.) *Briegleбs Vorlesungen über den Horaz.* Dem guten Mann wird ein Spiegel vorgehalten, in den ja kein *Vorleser,* er habe auch noch so ein gut Gewissen, um seiner Ruhe willen! mit hinein schaue. Doch das ist ein Volk, von dem geschrieben steht: Sie haben Augen, und sehen nicht; ein Glück, daß man meist von ihrem Auditorio sagen kann, sie haben Ohren, und hören nicht.

7.) *Meckel de morbo hernioso etc.* Die bekannte Operation an Herrn *Zimmermann*, wird kürzlich erzählt.

8.) *Versuch eines Bremisch-Niedersächsischen Wörterbuchs.* Wird nach Verdiensten gerühmt, die schwer zu bewürkende Vollständigkeit gewünscht, und einige Bemerkungen hinzugefügt. Wollten doch nur mehrere statt unzulänglicher willkürlicher kritisch-grammatischer Bemühungen um unsere Sprache, sich mit Glossarien und Lexicis täglich verdienter machen!

9.) *Fallois Traité de la Castramentation.* Viel Gutes aber wenig Neues und dem Verf. Eignes, behaupten sie darinnen gefunden zu haben.

10.) *Geschichte der drei letzten Lebensjahre Jesu.* Vierter Teil. Wenn das Buch den Zweck erreicht, die Geschichte und Reden Jesu besser und lokaler zu verstehen, so läßt man ihm gerne gewisse Eigenheiten, und wünscht ihm ein großes Publikum.

Die kurzen Nachrichten machen diesmal über zwei Drittel des Stücks.

Hamburg

Rolf Krage, ein Trauerspiel, von *Johannes Ewald*, aus dem Dänischen, 1772.

(Ist bei Ausgebern dieser Zeitung zu haben für 30 Kr.)

Nacht, Hochverrat und Brudermord, Blutschand und Tod, und Finsternis, Greuel, Liebes- und Sterbensnot, daß wir bei Zeiten, mit einem andächtigen bewahr uns! auf den Heimweg bedacht gewesen.

Ohne Anzeige des Orts

Aufgefangener literarischer Briefwechsel, der Dodsleyschen Kunstrichter und andrer Gelehrten. 1772.

Gemeiner Mutwillen, der sich an Leibes- und Seelenschäden unbedeutender Menschen übt, ohne Kraft ihr Wesen und Manieren zu Karikatur zu verzerren. Das Zeug mag einige Theater- und Kotterien-Publika interessieren. Gott bewahr uns, daß wir nur das geringste erfahren mögen, woher diese Feindseligkeiten kommen, und wohin sie gehen. Leid tut's uns für ein und den andern braven Mann, daß ihm im Gedränge auch eins versetzt wird. Im Ganzen mag der Verfasser ein rechter Don Quixotte sein, solch ein Feindeheer sich zu schaffen, *Schmidts* und *Dycks* an ihre Spitze zu stellen, und dann mutig unter das würdige Schattenvolk dreinzuhauen.

Französische Kupferstiche

Bonnet hat in Rötelart nach *Lagrenée* herausgegeben *Mars et Venus.* Ein junger Mensch liegt im Bett neben einer jungen Person. Er nimmt den Vorhang weg, und betrachtet sie, wie sie schläft. Eine der Tauben trägt einen Riemen vom Wehrgehänge weg, das man mit den übrigen Attributen des Mars unterm Bette bemerkt. Übrigens ist in beiden Figuren nichts Göttliches zu ahnden, und die Unterschrift ist sehr nützlich.

Glaucias Roi d'Illyrie *prend Pyrrhus sous sa Protection,* nach *Colin de Vermont,* von *le Vasseur* gestochen. Die Haltung dieses Blatts ist gut. Die Figuren, die um den König stehen, brav gezeichnet. Der Gedanke ist poetisch, daß der König auf ein Kind sieht, das vor den Hülfbedürftigen vorzubitten scheint. *Pyrrhus* erscheint in zukriechender Stellung, der Degen auf der rechten Seite ist auch um eine halbe Elle zu lang geraten.

Ohne Anzeige des Orts

Empfindsame Reise durch die Visitenzimmer am Ostertag. 1772. Empfindsame Reise durch die Visitenzimmer am Pfingsttag. 1772.

Wie wenig Yorik verstanden wird, zeigen seine Nachahmer. Dieser ist wohl der elendeste unter allen.

Fragmente der altern Geschichte zum Zeitvertreib für denkende Leser. 1772. 91 S.

Eine Art von Acerra Philol. Die Auswahl der Geschichten ist besser, aber die Sauce verdirbt alles wieder. Man kann nicht kälter erzählen, nicht deklamatorischer reflektieren und prologisieren.

Altenburg

Über die moralische Schönheit und Philosophie des Lebens. 8. 1772. 15½ Bog.

Moralische Schönheit! Philosophie des Lebens! Wer vermutet nicht hier mit himmlischen Gesängen, ins Empyräum, zur innigsten Umarmung der Venus Urania aufgehoben, und an die Tische der Götter, zum ewigen Genuß des lautersten Nektargeistes, gerufen zu werden! – Es ist Verlegers Weisheit, prahlende Titel zu suchen, aber nicht Autors-Klugheit. Bei einem sittsamem Titel würden wir das armselige Gewäsch dieser Aufsätze, wie so viele andere philosophische Chrien, seinem Schicksal überlassen haben; nun aber ist es unsre Pflicht, das Publikum ein wenig vor diesen Marktschreiern zu warnen. In einer langen Vorrede beweist der Verf. sehr mühsam, daß man die Tugend in allem Schmuck des Vortrags predigen dürfe. Wahrlich ein überflüssiger Beweis; und dazu so ganz ungenialisch geführt. Der erste Versuch: *von der moralischen Schönheit überhaupt*, wendet die gewöhnliche Erklärung von sinnlicher Schönheit und Hogarts Bemerkungen davon Stück vor Stück auf das Moralische an. Wohlfeiler kann man nicht davon kommen. Es ist in dem ganzen Versuch, oder der sogenannten Rede doch nicht ein Zug, der bewiese, daß der Verf. das Bild der Tugend wirklich in seiner Seele gehabt, und ihren Reiz nur von weitem gefühlt hätte! Der zweite Versuch: *Bildung der Selbstliebe*, soll *Hutcheson* widerlegen, und zeigen, wie alle unsre Triebe zusammen die ganze Masse der Selbstliebe ausmachen; wenn der Verf. den Gedanken in seinem Umfange sich deutlich gedacht hätte, so würde er vielleicht bald eingesehen haben, daß Hutcheson und seine Widersacher im Grund – wie die Philosophen alle – entweder nichts, oder einerlei sagen. IV. Vom Charakter, und was ein schöner Charakter ist. V. Vom Urteil über andere. – Die gemeinsten Sachen von der ganzen Welt, auf die gemeinste Art vorgetragen. VI. Philosophie des Lebens. Hier hofften wir etwas Gutes, da wir den Verf. im Anfang einige wahre Gedanken über die Notwendigkeit den Menschen zu studieren, und über die Beschaffenheit dieses Studiums äußern sahen; Aber, ehe wir uns umsahen, stießen wir wieder auf die langweiligsten Plaudereien, die noch je aus dem Munde eines philosophischen Pedanten geflossen sind. VII. Von der Laune: Der Verf. ist mit Herrn *Mendelsons* Erklärung von der Naivetät nicht zufrieden; und gibt allerlei schale Bemerkungen über die Laune, wobei man nicht um ein Haar klüger wird, als man war. Laune! Es muß ein scharfsinniger Philosoph sein, der die Seele in dieser sorglosen Lage erschleichen soll. VIII. Vom Stolz, eine Erzählung: Abgeschmackte Nachahmung des Voltaire; der einmal in einer Gesellschaft eine Spitzbubenhistorie erzählen sollte, und anfing – Il y avoit un fermier general – j'ai oublié le reste. - Der Verf. sagt: Es war einmal ein Priester! - Wird denn der Pöbel der Schriftsteller nie aufhören, die Fehler einzler Personen des geistlichen Standes, dem ganzen Stande zur Last zu legen? - Vielleicht wenn man einmal auf der andern Seite aufhört, aus dem Tadel über einzle Glieder, eine Sache des ganzen Standes, oder gar Gottes und der Religion zu machen. IX. Vom Frauenzimmer: Der Hagestolz nimmts übel, daß wir den Mädchen, Weibern und Matronen die Hand küssen, und sie am obersten Ende gehen lassen - und der will von moralischer Schönheit predigen? X. Vergebliche Anmerkungen; - Elendes Gewäsch über die deutsche Nachahmungssucht u. dgl.

Halle

Magazin der deutschen Kritik. Herausgegeben von Herrn *Schirach.* Ersten Bandes, zweiter Teil. Bei J.J. Gebauers Witwe und Joh.Jak. Gebauer. 1772.

Dieses Stück enhält: 1.) »Probe einer Übersetzung von dem geraubten Wassereimer des Tassoni.« Der Übersetzer scheint mit der wahren Laune des komischen Dichters vertraut zu sein, nur zuweilen, glauben wir, hat ihn die Sprache verlassen, und der Gang des Hexameters gehindert. Wann wir einen Wunsch zu wagen hätten, so wäre es dieser, diese ganze Arbeit dem Feuer aufzuopfern, und mit eben demselben Geist der Launischen Muse an eine neue Form zu denken. 2.) »Die erleuchteten Zeiten, oder Betrachtung über den gegenwärtigen Zustand der Wissenschaften und herrschenden Sitten in Deutschland.« Dieses Buch, das nichts als Deklamation, misanthropische nirgends ganz treffende Klage, und nicht den geringsten allgemeinen Blick verrät, hätte unter den kürzern Nachrichten mit kleinerem Aufwand abgefertigt werden können. 3.) »Schulzens Bibliothek der griechischen Literatur.« Hier sieht man offenbar, wie sich ein fleißiger Schulmann hinsetzt, kompiliert, und kompiliert, bis er bewiesen hat, daß Herr Schulz nicht genug kompiliert hat. Die Unterlassungssünden sind dem Herrn Prof. Schulz würklich zu hart angeschrieben, und wir wünschten mit nichten, daß der arme Kopf der lieben Zuhörer mit noch mehrern unbedeutenden Büchern zur griechischen Literatur gehörig, bestürmt würde. 4.) »Der Maitag, drei Exercitia, (oder Lieder, wie gedruckt steht.)« 5.) »Kurze Frage, wie die Jugend am besten zubereitet werden könne?« Dieses Stück scheint uns die beste Rezension in dem ganzen 2ten Teile zu sein. Sie ist mit vieler Einsicht eines geschickten Schulmanns angefüllt, und rügt mit Recht Herrn Maschos und andrer Neuerungsvorschläge, die unser weniges Latein und Griechisch vollends ganz aus den Schulen verbannen, und alles mit Spreu des Realwissens überstreuen wollen. 6.) »Herrn Remmers Verteidigung wider eine Rezension in dem Altenb. Histor. Journale.« Wir haben nicht die Ehre, Herrn Remmer zu kennen; allein, er muß ein gutgesinnter Mann sein, der nichts von den Welthändeln außer seiner Stube erfährt, weil er gegen den Kredit der Altenburger Histor. Journalisten mit so vollen Backen anbläst. 7.) »Allgemeine Biographie von Johann Matthias Schrökh.« Diese wird sehr gut beurteilt, wir können nichts davon sagen, weil uns allgemeine Biographen, würklich unter die Meermänner und Patagonen zu zählen sind, deren *Menschheit* wir eher leugnen, als nach Zoll und Linien berechnen möchten. Wir hoffen indessen, daß *dies Wort* aus dem Rad der Mode so gut ausfallen wird, als anakreontisch Lied, Hexameter, und Bardengesang. 8.) »Empfindsame Reisen durch Deutschland von S**«. 3ter und letzter Teil.« Wir danken dem Rezens. aufrichtig für die neuere Versicherung, daß dieses 3ter und letzter Teil bleiben soll. 9.) »Phantasien nach Petrarkas Manier, von Herrn Schmidt.« Es wäre zu wünschen, daß der Rezens. selbst etwas poetische Ader hätte, um auf die feinere Schönheiten, und auch verstecktere Mängel dieser petrarchischen Muse mit mehrerem Detail aufzumerken. Im Ganzen sind die Erinnerungen meist wahr, wann er sie aber enonciert, so sieht man nur den Theoristen. 10.) »Über die Elegischen Dichter unter den Griechen.« Dieser Aufsatz ist aus den Memoires de l'Academie des Inscriptions genommen, und von dem Übersetzer vermehrt worden. 11.) »Deutsche und Lateinische Chrestomathie, zum Gebrauch der Schulen und Gymnasien.« Eine gute Beurteilung. 12.) »Fortsetzung der Übersetzung der Lobrede des Plinius.« 13.) »Ode über das Lotto, von Herrn Burmann, wieder aus andern Zeitungen eingerückt.« Man sieht aus diesen Einschaltungen, daß es hier Magazinmäßig hergeht, und daß die kritische Arbeiter noch nicht geworben, oder noch nicht warm im Gange geworden. 14.) »Charakteristik der vornehmsten Europäischen Nationen.« Es macht ein Teil des Brittischen Museums bei Schwickert aus, und nun ist ein neuer Titel umgeschlagen worden, 15.) »Schriften zur Bildung des Herzens und des Verstandes, als Beiträge zu der Geschichte des Menschen.« Beiträge zur Makulatur mögen es sein, und auch in so fern Beiträge zur Geschichte des Menschen. 16.) »Die Wolken. Von Herrn Herwig übersetzt.« Der Verf. wird sehr aufgemuntert. Man schenke uns die Nummern bis 19., denn es sind meistens Beurteilungen dramatischer Stücke, und Wienerischer Poesien. 20.) »Schreiben an den Herausgeber des Magazins, über Wielands Könige von Scheschian.« Ein erbärmlich Stück Arbeit. 21.) »Über den Wert einiger deutscher Dichter, zweites Stück.« Wenn doch einmal die Herren sich nicht so ganz an die Manier stoßen, und den Geist nicht verkennen wollten, der diese oft ungeschickte Hand belebt. Ungezogenheit, Impertinenz, weitschweifige verwaschene Schreibart fällt allerdings dem Verfasser zur Last; Allein, er bleibt allezeit ein Kopf, der wahre Stärke hat. Besonders haben uns die letztern Briefe gefallen, wo er gegen das Kränkelnde, und Ohnmächtige des Compositeurs zu Felde liegt. Daß er aber einige liebe Grabsteine und Monumentchen beschädigt hat - Was tut das? Ist der Mann, der unterm Steine liegt, wahrhaftig groß, so brauchts entweder keinen Stein, oder der Schaden, der dran geschieht, ist des Aufhebens nicht wert. Die übrigen Nummern enthalten die Gleimischen und Jakobischen Broschüren dieses Jahres; Cymbelline von Sulzern, Rabeners Briefe, Kästners vermischte Schriften, Sophiens Reise von Memel. Die kleinere Nachrichten übergehen wir. - Unsre Leser sind nunmehr im Stande, aus dem Verzeichnis dieser Rezensionen, und ihrer, nach unsrer Empfindung angegebnen ohngefähren Güte, zu urteilen, was sie sich künftig von diesem Werk zu versprechen haben.

Leipzig und Gotha

Oden von Ewald. 1772. 8. 12 Bog.

Wenn wir unsre moderne Barden und Bardengenossen ansehen, die ihr Fünkchen wahren oder falschen Gefühls in allem Pomp der begeisterten Sprache herumtragen, so fällt uns die Beobachtung des Bauern aus *Schäkespears Winter's Tale* ein: he has rich garments, but he wears not well. Das ist Herrn *Ewalds* Fall, dem zwar die Barden- und Odengrammatik so ziemlich zu Dienste steht, aber weder Bardenimagination noch Odengefühl, noch selbst Odenmusik. Große Worte, freche Metaphern und verschlungne Perioden in ein Sylbenmaß zusammen geschraubt, das macht noch keine Ode. Ich dächte, wir hätten nun einmal Muster vor Augen, an welchen unsre neue Dichter sich messen könnten, ehe sie sich auf den Schauplatz wagten.

Hamburg

Die Weisheit an die Menschen, durch einen begeisterten Braminen. 1772. 5 Bog.

»Ihr Bewohner des Erdbodens fallet nieder, und in den Staub gebückt, empfanget die Lehre des Himmels«: So fängt der begeisterte oder berauschte Bramine an, und in dem Ton geht er ein halb Mandel von Tugenden durch; alles im Schwulst eines *gemachten* Orientaliers: Gewürzt mit orientalischen Gleichnissen und vaterländischen Sitten! – Wenn ein großer Gedanke in der Seele aufschwillt, oder eine mächtige Empfindung sich hervorarbeitet, so ist selten die Sprache reich genug, gleich einen Ausdruck darzubieten, der eben den Gedanken, eben die Empfindung gleich lebhaft übersetzt. Die Seele greift also um sich in die sinnliche Welt, und kleidet ihre Geburten in die lebhaftesten Bilder. Daher ist, nach der sehr feinen Bemerkung eines neuen Philosophen, die orientalische Dichtersprache entstanden, die, wenn ihr eine wahre Empfindung untergelegt wird, bei all ihrer metaphorischen Beredsamkeit fast niemal zum Schwulst ausartet. – Aber tausende, und wenn wir nach unserm Gefühl urteilen, auch dieser *Bramine* lernten bloß die Sprache ein wenig radbrechen, und wollten dann auf einmal orientalisieren. Man sehe, wie es ihm läßt:

Zorn

Gleich dem heftigsten Orkan, welcher die Wälder niederstürzt, und die ganze Natur zerstört; oder gleich dem Erdbeben, welches mit dem fürchterlichsten Krachen ganze Länder umkehrt: verbreitet die Wut des Jachzornigen Verwüstung um sich her! Seine Hand drohet Gefahr und Verheerung.

O du beseelter Staub, will dein Zorn wie ein schwarzes, an Gebirgen gelagertes Gewitter, auf deinen Feind hervorbrechen, erinnere dich, wie oft du selbst Verzeihung bedarfst! u.s.w.

Der Ehemann

Gehorche Gott, nimm ein Weib, der menschlichen Gesellschaft getreu, werde ihr ein nützlicher Zweig.

Die Frau

Die Weisheit wird reden und dich unterweisen, höre, o Tochter der Schönheit, und grabe ihre Lehren tief in das Innerste deines Herzens: also wird dein Verstand deine Schönheit erhöhn; also wirst du, wie die Sommerrose, der du gleichst, einen lieblichen Geruch verbreiten, wenn schon deine Farbe weniger frisch wird. u.s.w.

Wir wissen nicht, wie es dem *Braminen* zu Mute war, da er zu diesen Dingen den Mund so voll nahm. Uns dünkt, die gute, gemeine, bürgerliche Alletagssprache wäre lange hinlänglich, so gute, gemeine, bürgerliche Alletagssachen zu sagen. – Wenn wir nicht irren, so haben wir diese schwülstige Moral schon einmal unter einem andern Mantel gesehen; aber sie reizte uns so wenig, daß wir nicht mehr wissen, wo?

Petersburg

Rede an S.K.H. den Großfürsten Paul Petrowitsch; bei Gelegenheit Dero Majorennitätsfeier. 1772. 8. 1 Bog.

Alexander führte einen Poeten mit sich, dem er, vermöge eines Kontrakts für jeden guten Vers ein Geldstück, und für jeden schlechten eine Ohrfeige gab. Wir hoffen, dieser poetische Redner wird sich andere Konditionen gemacht haben, und bewundern die Geduld und die Wachsamkeit des jungen Großfürsten, wenn er diese Rede ausgehört hat, ohne zu schlafen.

Leipzig

Die schönen Künste in ihrem Ursprung, ihrer wahren Natur und besten Anwendung, betrachtet von J.G. Sulzer. 1771. 8. 85 S.

Sehr bequem ins Französische zu übersetzen, könnte auch wohl aus dem Französischen übersetzt sein. Herr Sulzer, der nach dem Zeugnis eines unsrer *berühmten* Männer, ein eben so großer Philosoph ist, als irgend einer aus dem Altertume, scheint in seiner Theorie, nach Art der Alten mit einer exoterischen Lehre, das arme Publikum abzuspeisen, und diese Bogen sind, wo möglich, unbedeutender als alles andre.

Die schönen Künste, ein Artikel der allgemeinen Theorie, tritt hier besonders ans Licht, um die Liebhaber und Kenner desto bälder in Stand zu setzen, vom Ganzen zu urteilen. Wir haben beim Lesen des großen Werks bisher schon manchen Zweifel gehabt; da wir nun aber gar die Grundsätze, worauf sie gebaut ist, den Leim, der die verworfnen Lexikonsglieder zusammen kleben soll, untersuchen, so finden wir uns in der Meinung nur zu sehr bestärkt: hier sei für Niemanden nichts getan, als für den Schüler, der Elementa sucht, und für den ganz leichten Dilettante nach der Mode.

Daß eine Theorie der Künste für Deutschland noch nicht gar in der Zeit sein mögte, haben wir schon ehmals unsre Gedanken gesagt. Wir bescheiden uns wohl, daß eine solche Meinung die Ausgabe eines solchen Buchs nicht hindern kann; nur warnen können und müssen wir unsre gute junge Freunde vor dergleichen Werken. Wer von den Künsten nicht sinnliche Erfahrung hat, der lasse sie lieber. Warum sollte er sich damit beschäftigen? Weil es so Mode ist? Er bedenke, daß er sich durch alle Theorie den Weg zum wahren Genüsse versperrt, denn ein schädlicheres Nichts, als sie, ist nicht erfunden worden.

Die schönen Künste der Grundartikel Sulzerischer Theorie. Da sind sie denn, versteht sich, wieder alle beisammen verwandt oder nicht. Was steht im Lexiko nicht alles hintereinander? Was läßt sich durch solche Philosophie nicht verbinden? Malerei und Tanzkunst, Beredsamkeit und Baukunst, Dichtkunst und Bildhauerei, alle aus einem Loche, durch das magische Licht eines philosophischen Lämpgens aui die weiße Wand gezaubert, tanzen sie im Wunderschein buntfarbig auf und nieder, und die verzückten Zuschauer frohlocken sich fast außer Atem.

Daß einer, der ziemlich schlecht raisonnierte, sich einfallen ließ, gewisse Beschäftigungen und Freuden der Menschen, die bei ungenialischen gezwungnen Nachahmern Arbeit und Mühseligkeit wurden, ließen sich unter die Rubrik Künste, schöne Künste klassifizieren, zum Behuf theoretischer Gaukelei, das ist denn der Bequemlichkeit wegen Leitfaden geblieben zur Philosophie darüber, da sie doch nicht verwandter sind, als septem artes liberales der alten Pfaffenschulen. Wir erstaunen, wie Herr S., wenn er auch nicht drüber nachgedacht hätte, in der Ausführung die große Unbequemlichkeit nicht fühlen mußte, daß, so lange man in generalioribus sich aufhält, man nichts sagt, und höchstens durch Deklamation den Mangel des Stoffes vor Unerfahrnen verbergen kann.

Er will das unbestimmte Principium: *Nachahmung der Natur*, verdrängen, und gibt uns ein gleich unbedeutendes dafür: *Die Verschönerung der Dinge*. Er will, nach hergebrachter Weise, von Natur auf Kunst, herüberschließen: »In der ganzen Schöpfung stimmt alles darin überein, daß das Aug und die andern Sinnen von allen Seiten her durch angenehme Eindrücke gerührt werden.« Gehört denn, was unangenehme Eindrücke auf uns macht, nicht so gut in den Plan der Natur, als ihr Lieblichstes? Sind die wütenden Stürme, Wasserfluten, Feuerregen, unterirdische Glut, und Tod in allen Elementen nicht eben so wahre Zeugen ihres ewigen Lebens, als die herrlich aufgehende Sonne über volle Weinberge und duftende Orangenhaine. Was würde Herr *Sulzer* zu der liebreichen Mutter Natur sagen, wenn sie ihm eine Metropolis, die er mit allen schönen Künsten, Handlangerinnen, erbaut und bevölkert hätte, in ihren Bauch hinunter schlänge.

Eben so wenig besteht die Folgerung: »die Natur wollte durch die von allen Seiten auf uns zuströmenden Annehmlichkeiten unsre Gemüter überhaupt zu der Sanftmut und Empfindsamkeit bilden.« *Überhaupt* tut sie das nie, sie härtet vielmehr, Gott sei Dank, ihre echten Kinder gegen die Schmerzen und Übel ab, die sie ihnen unablässig bereitet, so daß wir den den glücklichsten Menschen nennen können, der der stärkste wäre, dem Übel zu entgegnen, es von sich zu weisen, und ihm zum Trutz den Gang seines Willens zu gehen. Das ist nun einem großen Teil der Menschen zu beschwerlich, ja unmöglich, daher retirieren und retranschieren sich die meisten, sonderlich die Philosophen, deswegen sie denn auch *überhaupt* so adäquat disputieren. Wie partikular und eingeschränkt ist folgendes, und wie viel soll es beweisen! »Vorzüglich hat diese zärtliche Mutter den vollen Reiz der Annehmlichkeit in die Gegenstände gelegt, die uns zur Glückseligkeit am nötigsten sind, besonders die selige Vereinigung, wodurch der Mensch eine Gattin findet.« Wir ehren die Schönheit von ganzem Herzen, sind für ihre Attraktion nie unfühlbar gewesen; allein sie hier zum primo mobili zu machen, kann nur der, der von den geheimnisvollen Kräften nichts ahndet, durch die jedes zu *seines Gleichen* gezogen wird, alles unter der Sonne sich paart, und glücklich ist.

Wäre es nun also auch wahr, daß die Künste zu Verschönerung der Dinge um uns würken, so ists doch falsch, daß sie es nach dem Beispiele der Natur tun.

Was wir von Natur sehn, ist Kraft, die Kraft verschlingt nichts gegenwärtig alles vorübergehend, tausend Keime zertreten jeden Augenblick tausend geboren, groß und bedeutend, mannigfaltig ins Unendliche; schön und häßlich, gut und bös, alles mit gleichem Rechte neben einander existierend. Und die *Kunst* ist gerade das Widerspiel, sie entspringt aus den Bemühungen des Individuums, sich gegen die zerstörende Kraft des Ganzen zu erhalten. Schon das Tier durch seine Kunsttriebe *scheidet, verwahrt* sich; der Mensch durch alle Zustände befestigt sich gegen die Natur, ihre tausendfache Übel zu vermeiden, und nur das Maß von Gutem zu genießen; bis es ihm endlich gelingt, die Zirkulation aller seiner wahr und gemachten Bedürfnisse in einen Palast einzuschließen, so fern es möglich ist, alle zerstreute Schönheit und Glückseligkeit in seine gläserne Mauern zu bannen, wo er denn immer weicher und weicher wird, den Freuden des Körpers Freuden der Seele substituiert, und seine Kräfte von keiner Widerwärtigkeit zum Naturgebrauche aufgespannt, in Tugend, Wohltätigkeit, Empfindsamkeit zerfließen.

Herr S. geht nun seinen Gang, den wir ihm nicht folgen mögen; an einem großen Trupp Schüler kanns ihm so nicht fehlen; denn er setzt Milch vor, und nicht starke Speise; redet viel von dem Wesen der Künste, Zweck; und preist ihre hohe Nutzbarkeit als Mittel zu Beförderung der menschlichen Glückseligkeit. Wer den Menschen nur einigermaßen kennt, und Künste und Glückseligkeit, wird hier wenig hoffen, es werden ihm die vielen Könige einfallen, die mitten im Glanz ihrer Herrlichkeit der Ennui zu tode fraß. Denn wenn es nur auf Kennerschaft angesehn ist, wenn der Mensch nicht mitwürkend genießt, müssen bald Hunger und Ekel, die zwei feindlichsten Triebe, sich vereinigen, den elenden *Pokokurante* zu quälen.

Hierauf läßt er sich ein auf eine Abbildung der Schicksale schöner Künste, und ihres gegenwärtigen Zustandes, die denn mit recht schönen Farben hin imaginiert ist, so gut, und nicht besser, als die

Geschichten der Menschheit, die wir so gewohnt worden sind in unsern Tagen, wo immer das Märgen der vier Weltalter suffizienter ist, und im Ton der zum Roman umpragmatisierten Geschichte.

Nun kommt Herr S. auf unsere Zeiten und schilt wie es einem Propheten geziemt, wacker auf sein Jahrhundert; leugnet zwar nicht, daß die schönen Künste mehr als zu viel Beförderer und Freunde gefunden haben, weil sie aber zum großen Zweck, zur *moralischen Besserung* des Volks, noch nicht gebraucht worden, haben die Großen nichts getan. Er träumt mit andern, eine weise Gesetzgebung würde zugleich Genies beleben, und auf den wahren Zweck zu arbeiten anweisen können, und was dergleichen mehr ist.

Zuletzt wirft er die Frage auf, deren Beantwortung den Weg zur wahren Theorie eröffnen soll: »Wie ist es anzufangen, daß der dem Menschen angeborne Hang zur Sinnlichkeit, zu Erhöhung seiner Sinnesart angewendet, und in besondern Fällen als ein Mittel gebraucht werde, ihn unwiderstehlich zu seiner Pflicht zu reizen?« So halb und mißverstanden, und in den Wind als der Wunsch *Cicerons*, die *Tugend* in körperlicher Schönheit seinem Sohne zuzuführen. Herr S. beantwortet auch die Frage nicht, sondern deutet nur, worauf es hier ankomme, und wir machen das Büchlein zu. Ihm mag sein Publikum von Schülern und Kennerchens getreu bleiben, wir wissen, daß alle wahre Künstler und Liebhaber auf unsrer Seite sind, die so über den Philosophen lachen werden, wie sie sich bisher über die Gelehrten beschwert haben. Und zu diesen noch ein paar Worte, auf einige Künste eingeschränkt, das auf so viele gelten mag als kann.

Wenn irgend eine spekulative Bemühung den Künsten nützen soll, so muß sie den Künstler grade angehen, seinem natürlichen Feuer Luft machen, daß es um sich greife und sich tätig erweise. Denn um den Künstler allein ists zu tun, daß der keine Seligkeit des Lebens fühlt als in seiner Kunst, daß in sein Instrument versunken, er mit allen seinen Empfindungen und Kräften da lebt. Am gaffenden Publikum, ob das, wenns ausgegafft hat, sich Rechenschaft geben kann, warums gaffte, oder nicht, was liegt an dem?

Wer also schriftlich, mündlich oder im Beispiel, immer einer besser als der andre, den sogenannten Liebhaber, das einzige wahre Publikum des Künstlers, immer näher und näher zum Künstlergeist aufheben könnte, daß die Seele mit einflösse ins Instrument, der hätte mehr getan, als alle psychologische Theoristen. Die Herren sind so hoch droben im Empyreum transzendenter Tugend-Schöne, daß sie sich um Kleinigkeiten hienieden nichts kümmern, auf die alles ankommt. Wer von uns Erdensöhnen hingegen sieht nicht mit Erbarmen, wie viel gute Seelen, z. B. in der Musik an ängstlicher mechanischer Ausübung hangen bleiben, drunter erliegen.

Gott erhalt unsre Sinnen, und bewahr uns vor der Theorie der Sinnlichkeit, und gebe jedem Anfänger einen rechten Meister! Weil denn die nun nicht überall und immer zu haben sind, und es doch auch geschrieben sein soll, so gebe uns Künstler und Liebhaber ein περι εαυτου seiner Bemühungen, der Schwürigkeiten, die ihn am meisten aufgehalten, der Kräfte, mit denen er überwunden, des Zufalls, der ihm geholfen, des Geists, der in gewissen Augenblicken über ihn gekommen, und ihn auf sein Leben erleuchtet, bis er zuletzt immer zunehmend sich zum mächtigen Besitz hinauf geschwungen, und als König und Überwinder, die benachbarten Künste, ja die ganze Natur zum Tribute genötigt.

So würden wir nach und nach vom mechanischen zum intellektuellen, vom Farbenreiben und Saitenaufziehen, zum *wahren Einfluß der Künste auf Herz und Sinn* eine lebendige Theorie versammeln, würden dem Liebhaber Freude und Mut machen, und vielleicht dem Genie etwas nutzen.

Eben daselbst

J.C. Lavater von der Physiognomik, zweites Stück, welches einen in allen Absichten sehr unvollkommnen Entwurf zu einem Werke dieser Art enthält. 1772.

Der alte Pater Kircher klagt in einem Briefe: Quanta malorum Ilias ex *inconsiderata* scriptione resultet, ego jam XL. annorum spacio quo in hoc omnium gentium et nationum theatro, meam ut ut possum personam ago, frequenti experientia comperi. Wir wünschen, Herr *Lavater* möge früher und mit wenigern Kosten diese Reflektion machen.

Halberstadt

Über das von dem Herrn Prof. Hausen entworfne Leben des H.G.R. Klotz. 1772. 8vo. 69. S.

Herr *Jakobi* und sein gutes Herz; das gute Herz und der Herr *Jakobi*; die ein großer Teil des Publikums mit uns von Herzen satt ist.

Konnte er nicht lieblicher Dichter sein, ohne sich überall anliebeln zu wollen? nicht ehrlicher Mann, ohne diese ängstliche Protestationen? Was ist sie auch nur im geringsten wert diese Bußfertigkeit, mit der er auf sein Rezensentenleben zurück sieht? bekennt: er habe zwar unvermeidliche Sünden da begangen, pag. 46. wolle sie aber als Schwachheitssünden angesehn wissen, da ihm bekanntlich nicht die geringste *Bosheit,* nicht die mindeste *Fähigkeit* zu schaden von der Natur mitgeteilet worden. Und das versichert er einer *Frau;* da doch die trefflichste des andern Geschlechts in Männerzwist weder zeugen noch richten kann.

Uns ist der Inhalt und die Art des Vortrags höchst widrig aufgefallen. Wir wünschten, Herr *Jakobi* unter seinen Zweigen akkompagnierte seine Vögel; wäre

Der edle, warme Menschenfreund

Der echte, weise Tugendfreund

Auch des Lasters strenger Feind. pag. 7.

und ließe uns nur mit seinen Tugenden unbehelligt. Streitigkeiten sollt er andern überlassen, als Geistlicher, Poet und - hat er doppelt und dreifach das Weiberrecht.

Berlin

Allgemeine deutsche Bibliothek, des 17ten Bandes 2tes Stück.

Um uns keiner Superfötation von Kritik schuldig zu machen, zeigen wir die in diesem Stück enthaltene Rezensionen mit eignen kurzen Anmerkungen nur an: Zuerst ist in der XIten Nummer, *Fergusons Moralphilosophie* mit vieler Gründlichkeit rezensiert. Die Anmerkungen, welche der Verf. über Hrn. *Garves* Anmerkungen macht, sind meistens gegründet, und mit vieler Bescheidenheit gesagt. Sie machen sowohl dem Rez. als Hrn. *Garve* Ehre. XII. *Lehrbegriff sämtlicher ökonomischen und Kameralwissenschaften.* Des 2ten Bandes, 1ster T. Mannheim. Dieses fürtreffliche Buch wird nach Verdienst gelobt. XIII. *Geheimes Tagebuch von einem Beobachter seiner*

Selbst. Diese Rezension ist sehr bescheiden, und alle Erinnerungen, die dem Verf. gemacht werden, müssen so wohl auf ihn, als auf alle diejenigen, welche ohngefähr in gleicher Lage des Herzens sich befinden, den gehörigen Eindruck machen. Auf den einzigen Punkt, dünkt uns, hätte der Rezens. fester halten sollen, daß so wohl bei dem moralischen als physischen Leben der wahre stille Fortgang so unmerklich ist, daß das Beobachten und Journalhalten wohl zu spat kommt. Das wahre Leben verdrängt gewiß das Spekulieren, so wie Gefühl das Raisonnement; und derjenige Reisende mag sich wohl sehr kaltblütig zu Bette legen, der alle Abende sein Journal richtig fortsetzt. Der gesunde Mensch macht selten über seine Konstitution Betrachtungen, nur der kränkelnde. Und welche traurige Ideen gibt uns dieser zweifelsüchtige Journalist vom Christentum, von der Gnade, dem innerlichen Leben! Am Ende steht ein Brief, worin Herr *Lavater* bekennt, daß es seine eigne Geschichte mit fremden Zusätzen sei. Desto schlimmer, also ist es Carls des XII. Leben von Voltaire, und nicht einmal brauchbare Personalien. XIV. *Steins praktische Anleitung zur Geburtshülfe in widernatürlichen und schweren Fällen.* Die Verdienste Hrn. Steins werden hier nach Würden anerkannt, nur scheint das Casselische Entbindungsinstitut mit zu sonderbarer Hitze panegyrisiert zu sein. Denn jeder Sachkundiger weiß doch schon, daß die Talente eines einzigen großen Mannes nicht allein hinreichen, die jungen Akademisten an einen Ort zu ziehen, wo schon die mittelmäßige Größe desselben zeigt, daß die Gelegenheiten zu Beobachtungen lange nicht so häufig sein können, wie zu Berlin oder Strasburg. XV. *Eden,* von Hrn. *Bahrdt* herausgegeben. In der Rezens. wird die Erklärung der Schlange durch das Blut, als das Merkwürdigste angesehen, und dabei erinnert, daß der Verf. ein Bild für das andere setze, weil das Blut für nichts, als ein Bild der sinnlichen Begierden angesehen werden kann. Ferner wird bemerkt, daß diese Erklärung durch nichts aus dem Altertum bestätigt werde. Am Ende versucht der Rezens. eine allegorische Erklärung, und sieht den Mosaischen Bericht als ein Gemälde der sittlichen Natur des Menschen an. Darin dünkt uns, hat er vollkommen Recht, daß man die Erzählung des Sündenfalls entweder *ganz historisch,* oder *ganz allegorisch* annehmen müsse. XVI. Hrn. *Fuchsens alte Geschichte von Maynz.* Ein Auszug ohne weitere Bemerkungen. XVII. *Schmahlings Ruhe auf dem Lande.* Eine sehr ausführliche und gearbeitete Beurteilung. In sofern, als der Rezens. Hr. *Schm.* als eine Hauptlekture junger Kandidaten oder angehender Landprediger ansehen mag, dünkt uns die viele Mühe nicht verloren, die er angewendet hat, Hrn. *Schm.* zu berichtigen und zurechtzuweisen. Ob er gerade denen gefallen möchte, zu deren Belehrung er geschrieben, das ist eine andere Frage. XVIII. *Megerlins Koran.* Diese elende Produktion wird kürzer abgefertigt. Wir wünschten, daß einmal eine andere unter morgenländischem Himmel von einem Deutschen verfertigt würde, der mit allem Dichter- und Prophetengefühl in seinem Zelte den Koran läse, und Ahndungsgeist genug hätte, das Ganze zu umfassen. Dann was ist auch jetzo *Sale für uns?* XIX. XX. XXI. *Die Denis'sche Übersetzung von Oßian, und das ganze Barden-Unwesen bis auf unsre Zeit.* Wir setzen diese Beurteilung als eine Arbeit von Meisterhand über alles, was wir von Blair und Macpherson über diese Materie schon besitzen. Traurig aber war es für uns, wann wir den lauten Beifall überdachten, den diese Übersetzung oder Travestierung Oßians, nebst allen Rhingulphischen Nachgeburten in Deutschland so allgemein erhalten hat, daß bei aller Einfuhre fremden Geistes, doch nichts als die Hülle zu uns übergeht, und daß wir leider alles auf Tradition loben oder tadeln. XXII. *Leßings vermischte Schriften.* Ein Monument vaterländischer Verdienste von eben dem Meister aufgerichtet. Man sieht auch hier wieder von neuem, daß zum Lobe eines großen Mannes niemand als ein großer Mann selbst fähig sei. XXIII. *Pilati Geschichte des deutschen Reichs und Italiens, von Carl dem Großen bis auf den Westphälischen Friedensschluß.* Der Rezens. sieht es als ein sehr merkwürdiges Buch an, und tadelt nichts als die Unbequemlichkeiten der Annalen Methode. Den Beschluß machen kurze Anzeigen aus allen Wissenschaften, die wir der Kürze halben übergehen müssen.

Frankfurt und Leipzig

Gellert und Rabner, ein Totengespräch. 1772.

Unter Gellerts und Rabners Namen beseufzen zween Dorfschulmeister, oder so etwas, mit wohlgemeinter Einfalt die Hungersnot in Sachsen.

So zieht Buchhändler Witz sein Stückchen Brot
Selbst aus der Hungersnot!

Leipzig

Geschenk des Sylphen Pläsir für junge Herrn, sich in Gesellschaften unentbehrlich zu machen. 1773.

Spiele, Kartenkünste, Pfänderspiele, und dergleichen Surrogate von Witz und Umgang werden hier gelehrt. Man sieht dem Titel schon den Geist des Werks an.

Ohne Anzeige des Orts

Graf Struensee am Rande seiner Vernichtung; von *J.C.v.G.* 1772. 8.16 S.

Wird man nie die Wunde eines unglücklichen Vaters sich schließen, nie die Tränen einer leidenden Mutter versiegen lassen! Wir verzeihen dem Buchführer seine Gewinnsucht, den Dichtern ihre Inkontinenz sonst gern, aber um einiger armseliger Gulden und einiger elender Verse willen, die Schmerzen der Betrübten immer und immer wieder erneuen, das ist zu klein, zu unedel!

Leipzig

Kritische Abhandlung über die Fehler der Maler wider die geistliche Geschichte und das Kostüm. Aus dem Französischen, 1772. 8. 440 S.

Zum wahren Nutzen des Künstlers wird dieses Buch wenig beitragen. Was brauchbar drinne ist, ließe sich auf ein paar Bogen reduzieren, und auch das brauchte nicht erst aus dem Französischen übersetzt zu werden. Der ungenannte Verfasser ist ein ganz trockner Mensch, der am Kleidchen der Kunst Genüge hat, und mit einer wunderlichen Kritik den Maler schikaniert; so handelt er die Gemälde ab, zu denen die zwölf ersten Lebensjahre Jesu Gelegenheit gegeben. Er betrachtet den Maler als Diener der Religion, und daher ist sein Hauptgrundsatz, von dem das andre alles ausgeht; er solle nichts vorstellen, was ihrer historischen und dogmatischen Wahrheit zuwider sein könnte. Er nennt als Katholik, Religion mit Recht, was aus der Schrift bewiesen werden kann so wohl, als den Teil der Tradition und Lehrstreitigkeiten, die durch das Ansehn der Kirche als wahr bestimmt worden, und das Kostüm sucht er mit vielem Fleiße zusammen. Was Dichtkunst und Malerei der Religion schaden und nutzen können, mögen wir nicht untersuchen, auch hier nicht wiederholen, was wir am anderen Ort vom Kostüme gesagt haben. Leute, die den Künstler als Bildgensverfertiger zur Chronik ansehen, werden immer eine große Menge sein; denn es ist immer das leichteste zu sagen: hier ist gegen die Historie verstoßen, eben so, als weislich zu bemerken, dieser Arm ist zu lang, dieser Fuß zu kurz. Wir empfehlen allen diesen Liebhabern des *Wahrhaftigen*, dieses Buch, sie werden ihre Kennerschaft unglaublich erweitern.

Nachrede

statt der versprochenen *Vorrede*

Die besondre Aufmerksamkeit, mit der ein geehrtes Publikum bisher diese Blätter begünstigt, läßt uns für die Zukunft eine schmeichelhafte Hoffnung fassen; besonders, da wir uns mit allen Kräften bemühen werden, sie seiner Gewogenheit immer würdiger zu machen.

Man hat bisher verschiedentlich Unzufriedenheit mit unseren Blättern bezeugt; Autoren sowohl als Kritiker, ja sogar das Publikum selbst, haben gewünscht, daß manches anders sein möchte und könnte, dessen wir uns freilich gerne schuldig geben wollen, wenn uns nicht Unvollkommenheit aller menschlichen Dinge genugsam entschuldigt.

Es ist wahr, es konnten einige Autoren sich über uns beklagen. Die billigste Kritik ist schon Ungerechtigkeit; jeder machts nach Vermögen und Kräften, und findet sein Publikum, wie er einen Buchhändler gefunden hat. Wir hoffen, diese Herren werden damit sich trösten, und die Unbilligkeit verschmerzen, über die sie sich beschweren. Unsre Mitbrüder an der kritischen Innung, hatten außer dem Handwerksneid, noch einige andere Ursachen, uns öffentlich anzuschreien und heimlich zu necken. Wir trieben das Handwerk ein Bißchen freier als sie, und mit mehr Eifer. Die Gleichheit ist in allen Ständen der Grund der Ordnung und des Guten, und der Bäcker verdient Strafe, der Brezeln backt, wenn er nur Brot aufstellen sollte, sie mögen übrigens wohl schmecken wem sie wollen.

Könnten wir nur auch diesen Trost ganz mit in das neue Jahr nehmen, daß wir dem Publiko einigen Dienst erzeigt, wie es unser Wunsch gewesen, wir würden uns wegen des Übrigen eher zufrieden geben. Allein auch von diesem ist uns mannigfaltiger Tadel und Klage zu Ohren gekommen, am meisten über den Mangel so notwendiger Deutlichkeit. Unsre Sprache, wir gestehens gerne, ist nicht die ausgebildetste, wir haben uns über den Unfleiß, unsre Empfindungen und Gedanken auseinander zu wickeln, uns noch mancher Nachlässigkeit im Styl schuldig gemacht, und das gibt manchen Rezensionen ein so welsches Ansehn, daß es uns von Herzen leid ist, vielen Personen Gelegenheit zum Unmut gegeben zu haben, die bei dreimaliger Durchlesung dennoch nicht klug daraus werden können.

Das größte Übel aber, das daher entsprungen, sind die Mißverständnisse, denen unsre Gedanken dadurch unterworfen worden. Wir wissen uns rein von allen bösen Absichten. Doch hätten wir bedacht, daß über dunkle Stellen einer Schrift tausende nicht denken mögen noch können, für die also derjenige Lehrer und Führer ist, der Witz genug hat, dergleichen zu tun, als habe er sie verstanden; wir würden uns, so viel möglich, einer andern Schreibart befleißigt haben. Doch was lernt man in der Welt anders als durch Erfahrung.

Eben so aufmerksam waren wir auf den Vorwurf, der uns wegen Mangel wahrer Gelehrsamkeit gemacht worden. Was wir wahre Gelehrsamkeit nennen, bildeten wir uns niemals ein, zu besitzen, aber da ein geehrtes Publikum hierinne sonst sehr genügsam ist, merken wir nun wohl, daß es uns entweder an Geschicke mangelt, mit wenigem uns das gehörige Ansehn zu geben, oder daß wir von dem, was sie gründlich nennen, einen nur unvollkommnen Begriff haben.

Allen diesen Beschwerden, so viel möglich, abzuhelfen, wird unser eifrigstes Bestreben sein, welches um so vielmehr erleichtert wird, da mit Ende dieses Jahrs diejenigen Rezensenten, über deren Arbeit die meiste Klage gewesen, ein Ende ihres kritischen Lebens machen wollen. Sie sagen, sie seien vollkommen befriedigt, haben dieses Jahr mancherlei gelernt, und wünschen, daß ihre Bemühungen auch ihren Lesern nicht ganz ohne Nutzen sein mögen. Sie haben dabei erfahren, was das sei, sich dem Publiko kommunizieren wollen, mißverstanden werden, und was dergleichen mehr ist; indessen hoffen sie doch, manchen sympathisierenden Leser gefunden zu haben, dessen gutem Andenken sie sich hiermit empfehlen.

So leid uns nun auch dieser ihr Abschied tut, so können wir doch dem Publiko versichern, daß es uns weder an guter Intention, noch an Mitarbeitern fehlt, ihm unsre Blätter inskünftige immer brauchbarer zu machen.

Denen zu gefallen, die gern gleich wissen wollen, was an den höchsten Reichsgerichten anhängig gemacht worden, wird man auf jedem Blatte auf der letzten Seite das Eingegangene ohnverweilt mitteilen. Der Titel und Register der in diesem Bande angezeigter Schriften wird auch mit nächstem folgen.

Die Herausgeber

Zum Schäkespears Tag

Mir kommt vor, das sei die edelste von unsern Empfindungen, die Hoffnung, auch dann zu bleiben, wenn das Schicksal uns zur allgemeinen Nonexistenz zurückgeführt zu haben scheint. Dieses Leben, meine Herren, ist für unsre Seele viel zu kurz, Zeuge, daß jeder Mensch, der geringste wie der höchste, der unfähigste wie der würdigste, eher alles müd wird, als zu leben; und daß keiner sein Ziel erreicht, wornach er so sehnlich ausging - denn wenn es einem auf seinem Gange auch noch so lang glückt, fällt er doch endlich, und oft im Angesicht des gehofften Zwecks, in eine Grube, die ihm, Gott weiß wer, gegraben hat, und wird für nichts gerechnet.

Für nichts gerechnet! Ich! Der ich mir alles bin, da ich alles nur durch mich kenne! So ruft jeder, der sich fühlt, und macht große Schritte durch dieses Leben, eine Bereitung für den unendlichen Weg drüben. Freilich jeder nach seinem Maß. Macht der eine mit dem stärksten Wandrertrab sich auf, so hat der andre siebenmeilen Stiefel an, überschreitet ihn, und zwei Schritte des letzten, bezeichnen die Tagreise des ersten. Dem sei wie ihm wolle, dieser emsige Wandrer bleibt unser Freund und unser Geselle, wenn wir die gigantischen Schritte jenes, anstaunen und ehren, seinen Fußtapfen folgen, seine Schritte mit den unsrigen abmessen.

Auf die Reise, meine Herren! die Betrachtung so eines einzigen Tapfs, macht unsre Seele feuriger und größer, als das Angaffen eines tausendfüßigen königlichen Einzugs.

Wir ehren heute das Andenken des größten Wandrers, und tun uns dadurch selbst eine Ehre an. Von Verdiensten die wir zu schätzen wissen, haben wir den Keim in uns.

Erwarten Sie nicht, daß ich viel und ordentlich schreibe, Ruhe der Seele ist kein Festtagskleid; und noch zur Zeit habe ich wenig über Schäckespearen gedacht; geahndet, empfunden wenns hoch kam, ist das höchste wohin ich's habe bringen können. Die erste Seite die ich in ihm las, machte mich auf Zeitlebens ihm eigen, und wie ich mit dem ersten Stücke fertig war, stund ich wie ein blindgeborner, dem eine Wunderhand das Gesicht in einem Augenblicke schenkt. Ich erkannte, ich fühlte aufs lebhafteste meine Existenz um eine Unendlichkeit erweitert, alles war mir neu, unbekannt, und das ungewohnte Licht machte mir Augenschmerzen. Nach und nach lernt ich sehen, und, dank sei meinem erkenntlichen Genius, ich fühle noch immer lebhaft was ich gewonnen habe.

Ich zweifelte keinen Augenblick dem regelmäßigen Theater zu entsagen. Es schien mir die Einheit des Orts so kerkermäßig ängstlich, die Einheiten der Handlung und der Zeit lästige Fesseln unsrer Einbildungskraft. Ich sprang in die freie Luft, und fühlte erst daß ich Hände und Füße hatte. Und jetzo da ich sahe wieviel Unrecht mir die Herrn der Regeln in ihrem Loch angetan haben, wie viel freie Seelen noch drinne sich krümmen, so wäre mir mein Herz geborsten wenn ich ihnen nicht Fehde angekündigt hätte, und nicht täglich suchte ihre Türne zusammen zu schlagen.

Das griechische Theater, das die Franzosen zum Muster nahmen, war, nach innrer und äußerer Beschaffenheit, so, daß eher ein Marquis den Alcibiades nachahmen könnte, als es Corneillen dem Sophokles zu folgen möglich war.

Erst Intermezzo des Gottesdiensts, dann feierlich politisch, zeigte das Trauerspiel einzelne große Handlungen der Väter, dem Volk, mit der reinen Einfalt der Vollkommenheit, erregte ganze große Empfindungen in den Seelen, denn es war selbst ganz, und groß.

Und in was für Seelen!

Griechischen! Ich kann mich nicht erklären was das heißt, aber ich fühls, und berufe mich der Kürze halben auf Homer und Sophokles und Theokrit die habens mich fühlen gelehrt.

Nun sag ich geschwind hinten drein: Französgen, was willst du mit der griechischen Rüstung, sie ist dir zu groß und zu schwer.

Drum sind auch alle Französche Trauerspiele Parodien von sich selbst.

Wie das so regelmäßig zugeht, und daß sie einander ähnlich sind wie Schuhe, und auch langweilig mit unter, besonders in genere im vierten Akt das wissen die Herren leider aus der Erfahrung und ich sage nichts davon.

Wer eigentlich zuerst drauf gekommen ist die Haupt und Staatsaktionen aufs Theater zu bringen weiß ich nicht, es gibt Gelegenheit für den Liebhaber zu einer kritischen Abhandlung. Ob Schäkespearen die Ehre der Erfindung gehört, zweifl' ich; genung, er brachte diese Art, auf den Grad, der noch immer der höchste geschienen hat, da so wenig Augen hinauf reichen, und also schwer zu hoffen ist, einer könne ihn übersehen oder gar übersteigen. Schäckespear, mein Freund, wenn du noch unter uns wärest ich könnte nirgend leben als mit dir, wie gern wollt ich die Nebenrolle eines Pylades spielen, wenn du Orest wärst, lieber als die geehrwürdigte Person eines Oberpriesters im Tempel zu Delphos.

Ich will abbrechen meine Herren und morgen weiter schreiben, denn ich bin in einem Ton, der Ihnen vielleicht nicht so erbaulich ist als er mir von Herzen geht.

Schäckespears Theater ist ein schöner Raritäten Kasten, in dem die Geschichte der Welt vor unsern Augen an dem unsichtbaren Faden der Zeit vorbeiwallt. Seine Plane, sind nach dem gemeinen Styl zu reden, keine Plane, aber seine Stücke, drehen sich alle um den geheimen Punkt, (den noch kein Philosoph gesehen und bestimmt hat) in dem das Eigentümliche unsres Ichs, die prätendierte Freiheit unsres Wollens, mit dem notwendigen Gang des Ganzen zusammenstößt. Unser verdorbner Geschmack aber, umnebelt dergestalt unsere Augen, daß wir fast eine neue Schöpfung nötig haben, uns aus dieser Finsternis zu entwickeln.

Alle Franzosen und angesteckte Deutsche, sogar Wieland, haben sich bei dieser Gelegenheit, wie bei mehreren wenig Ehre gemacht. Voltaire der von jeher Profession machte, alle Majestäten zu lästern, hat sich auch hier, als ein echter Tersit bewiesen. Wäre ich Ulysses; er sollte seinen Rücken unter meinem Szepter verzerren.

Die meisten von diesen Herren, stoßen auch besonders an seinen Charakteren an.

Und ich rufe Natur! Natur! nichts so Natur als Schäkespears Menschen.

Da hab ich sie alle überm Hals.

Laßt mir Luft daß ich reden kann!

Er wetteiferte mit dem Prometheus, bildete ihm Zug vor Zug seine Menschen nach, nur in *Kolossalischer Größe;* darin liegts daß wir unsre Brüder verkennen; und dann belebte er sie alle mit dem Hauch *seines* Geistes, *er* redet aus allen, und man erkennt ihre Verwandtschaft.

Und was will sich unser Jahrhundert unter stehen von Natur zu urteilen. Wo sollten wir sie her kennen, die wir von Jugend auf, alles geschnürt und geziert, an uns fühlen, und an andern sehen. Ich schäme mich oft vor Schäkespearen, denn es kommt manchmal vor, daß ich beim ersten Blick denke, das hätt ich anders gemacht! Hinten drein erkenn ich daß ich ein armer Sünder bin, daß aus Schäkespearen die Natur weissagt, und daß meine Menschen Seifenblasen sind von Romanengrillen aufgetrieben.

Und nun zum Schluß, ob ich gleich noch nicht angefangen habe.

Das was edle Philosophen von der Welt gesagt haben, gilt auch von Schäkespearen, das was wir bös nennen, ist nur die andre Seite vom Guten, die so notwendig zu seiner Existenz, und in das Ganze gehört, als Zona torrida brennen, und Lapland einfrieren muß, daß es einen gemäßigten Himmelsstrich gebe.

Er führt uns durch die ganze Welt, aber wir verzärtelte unerfahrne Menschen schreien bei jeder fremden Heuschrecke die uns begegnet: Herr, er will uns fressen.

Auf meine Herren! trompeten Sie mir alle edle Seelen, aus dem Elysium, des sogenannten guten Geschmacks, wo sie schlaftrunken, in langweiliger Dämmerung halb sind, halb nicht sind, Leidenschaften im Herzen und kein Mark in den Knochen haben; und weil sie nicht müde genug zu ruhen, und doch zu faul sind um tätig zu sein, ihr Schatten Leben zwischen Myrten und Lorbeergebüschen verschlendern und vergähnen.

Goethe.

Von deutscher Baukunst

D. M. Ervini a Steinbach 1773

Als ich auf deinem Grabe herumwandelte, edler *Erwin*, und den Stein suchte, der mir deuten sollte: Anno domini 1318. XVI. Kal. Febr. obiit Magister Ervinus, Gubernator Fabricae Ecclesiae Argentinensis, und ich ihn nicht finden, keiner deiner Landsleute mir ihn zeigen konnte, daß sich meine Verehrung deiner, an der heiligen Stätte ergossen hätte; da ward ich tief in die Seele betrübt, und mein Herz, jünger, wärmer, töriger und besser als jetzt, gelobte dir ein Denkmal, wenn ich zum ruhigen Genuß meiner Besitztümer gelangen würde, von Marmor oder Sandsteinen, wie ichs vermögte.

Was brauchts dir Denkmal! Du hast dir das herrlichste errichtet; und kümmert die Ameisen, die drum krabeln, dein Name nichts, hast du gleiches Schicksal mit dem Baumeister, der Berge auftürmte in die Wolken.

Wenigen ward es gegeben, einen Babelgedanken in der Seele zu zeugen, ganz, groß, und bis in den kleinsten Teil notwendig schön, wie Bäume Gottes; wenigern, auf tausend bietende Hände zu treffen, Felsengrund zu graben, steile Höhen drauf zu zaubern, und dann sterbend ihren Söhnen zu sagen: ich bleibe bei euch, in den Werken meines Geistes, vollendet das begonnene in die Wolken.

Was brauchts dir Denkmal! und von mir! Wenn der Pöbel heilige Namen ausspricht, ists Aberglaube oder Lästerung. Dem schwachen Geschmäckler wirds ewig schwindlen an deinem Koloß, und ganze Seelen werden dich erkennen ohne Deuter.

Also nur, trefflicher Mann, eh ich mein geflicktes Schiffchen wieder auf den Ozean wage, wahrscheinlicher dem Tod als dem Gewinst entgegen, siehe hier in diesem Hain, wo ringsum die Namen meiner Geliebten grünen, schneid ich den deinigen, in eine deinem Turm gleich schlank aufsteigende Buche, hänge an seinen vier Zipfeln dies Schnupftuch mit Gaben dabei auf. Nicht ungleich jenem Tuche, das dem heiligen Apostel aus den Wolken herab gelassen ward, voll reiner und unreiner Tiere; so auch voll Blumen, Blüten, Blätter, auch wohl dürres Gras und Moos und über Nacht geschoßne Schwämme, das alles ich auf dem Spaziergang durch unbedeutende Gegenden, kalt zu meinem Zeitvertreib botanisierend eingesammelt, dir nun zu Ehren der Verwesung weihe.

Es ist im kleinen Geschmack, sagt der Italiäner, und geht vorbei. Kindereien lallt der Franzose nach, und schnellt triumphierend auf seine Dose a la Greque. Was habt ihr getan, daß ihr verachten dürft?

Hat nicht der, seinem Grab entsteigende Genius der Alten, den deinen gefesselt, Welscher! Krochst an den mächtigen Resten Verhältnisse zu betteln, flicktest aus den heiligen Trümmern dir Lusthäuser zusammen, und hältst dich für Verwahrer der Kunstgeheimnisse, weil du auf Zoll und Linien von Riesengebäuden Rechenschaft geben kannst. Hättest du mehr gefühlt als gemessen, wäre der Geist der Massen über dich gekommen, die du anstauntest, du hättest nicht so nur nachgeahmt, weil sie's taten und es schön ist; notwendig und wahr hättest du deine Plane geschaffen, und lebendige Schönheit wäre bildend aus ihnen gequollen.

So hast du deinen Bedürfnissen einen Schein von Wahrheit und Schönheit aufgetüncht. Die herrliche Wirkung der Säulen traf dich, du wolltest auch ihrer brauchen und mauertest sie ein, wolltest auch Säulenreihen haben, und umzirkeltest den Vorhof der Peterskirche mit Marmorgängen, die nirgends hin noch her führen, daß Mutter Natur, die das ungehörige und unnötige verachtet und haßt, deinen Pöbel trieb, ihre Herrlichkeit zu öffentlichen Kloaken zu prostituieren, daß ihr die Augen wegwendet und die Nasen zuhaltet vorm Wunder der Welt.

Das geht nun so alles seinen Gang, die Grille des Künstlers dient dem Eigensinne des Reichen, der Reisebeschreiber gafft, und unsre schöne Geister, genannt Philosophen, erdrechseln aus protoplastischen Märchen, Prinzipien und Geschichte der Künste bis auf den heutigen Tag, und echte Menschen ermordet der böse Genius im Vorhof der Geheimnisse.

Schädlicher als Beispiele sind dem Genius Prinzipien. Vor ihm mögen einzelne Menschen, einzelne Teile bearbeitet haben. Er ist der erste aus dessen Seele die Teile, in Ein ewiges Ganze zusammen gewachsen, hervortreten. Aber Schule und Principium fesselt alle Kraft der Erkenntnis und Tätigkeit. Was soll uns das, du neufranzöscher philosophierender Kenner, daß der erste zum Bedürfnis erfindsame Mensch, vier Stämme einrammelte, vier Stangen drüber verband, und Äste und Moos drauf deckte? Daraus entscheidest du das gehörige unsrer heurigen Bedürfnisse, eben als wenn du dein neues Babylon, mit einfältigem Patriarchalischem Hausvatersinn regieren wolltest.

Und es ist noch dazu falsch, daß deine Hütte die erstgeborne der Welt ist. Zwei an ihrem Gipfel sich kreuzende Stangen vornen, zwei hinten und eine Stange quer über zum First, ist und bleibt, wie du alltäglich, an Hütten der Felder und Weinberge erkennen kannst, eine weit primävere Erfindung, von der du doch nicht einmal Principium für deine Schweinställe abstrahieren könntest.

So vermag keiner deiner Schlüsse sich zur Region der Wahrheit zu erheben, sie schweben alle in der Atmosphäre deines Systems. Du willst uns lehren, was wir brauchen sollen, weil das, was wir brauchen, sich nach deinen Grundsätzen nicht rechtfertigen läßt.

Die Säule liegt dir sehr am Herzen, und in andrer Weltgegend wärst du Prophet. Du sagst: Die Säule ist der erste, wesentliche Bestandteil des Gebäudes, und der schönste. Welche erhabene Eleganz der Form, welche reine mannigfaltige Größe, wenn sie in Reihen da stehn! Nur hütet euch sie ungehörig zu brauchen; ihre Natur ist, freizustehn. Wehe den Elenden, die ihren schlanken Wuchs, an plumpe Mauern geschmiedet haben!

Und doch dünkt mich, lieber Abt, hätte die öftere Wiederholung dieser Unschicklichkeit des Säuleneinmauerns, daß die Neuern sogar antiker Tempel Interkolumnia mit Mauerwerk ausstopften, dir einiges Nachdenken erregen können. Wäre dein Ohr nicht für Wahrheit taub, diese Steine würden sie dir gepredigt haben.

Säule ist mit nichten ein Bestandteil unsrer Wohnungen; sie widerspricht vielmehr dem Wesen all unsrer Gebäude. Unsre Häuser entstehen nicht aus vier Säulen in vier Ecken; sie entstehen aus vier Mauern auf vier Seiten, die statt aller Säulen sind, alle Säulen ausschließen, und wo ihr sie anflickt, sind sie belastender Überfluß. Eben das gilt von unsern Palästen und Kirchen. Wenige Fälle ausgenommen, auf die ich nicht zu achten brauche.

Eure Gebäude stellen euch also Flächen dar, die, je weiter sie sich ausbreiten, je kühner sie gen Himmel steigen, mit desto unerträglicherer Einförmigkeit die Seele unterdrücken müssen! Wohl! Wenn uns der Genius nicht zu Hülfe käme, der *Erwinen von Steinbach* eingab: Vermannigfaltige die ungeheure Mauer, die du gen Himmel führen sollst, daß sie aufsteige gleich einem hocherhabnen, weitverbreiteten Baume Gottes, der mit tausend Ästen, Millionen Zweigen, und Blättern wie der Sand am Meer, rings um, der Gegend verkündet, die Herrlichkeit des Herrn, seines Meisters.

Als ich das erstemal nach dem Münster ging, hatt ich den Kopf voll allgemeiner Erkenntnis guten Geschmacks. Auf Hörensagen ehrt ich die Harmonie der Massen, die Reinheit der Formen, war ein abgesagter Feind der verworrnen Willkürlichkeiten gotischer Verzierungen. Unter die Rubrik *Gotisch*, gleich dem Artikel eines Wörterbuchs, häufte ich alle synonimische Mißverständnisse, die mir von unbestimmtem, ungeordnetem, unnatürlichem, zusammengestoppeltem, aufgeflicktem, überladenem, jemals durch den Kopf gezogen waren. Nicht gescheider als ein Volk, das die ganze fremde Welt barbarisch nennt, hieß alles *gotisch*, was nicht in mein System paßte, von dem gedrechselten, bunten, Puppen- und Bilderwerk an, womit unsre bürgerliche Edelleute ihre Häuser schmücken, bis zu den ernsten Resten der älteren deutschen Baukunst, über die ich, auf Anlaß einiger abenteuerlichen Schnörkel, in den allgemeinen Gesang stimmte: »Ganz von Zierrat erdrückt!« und so graute mirs im Gehen vorm Anblick eines mißgeformten krausborstigen Ungeheuers.

Mit welcher unerwarteten Empfindung überraschte mich der Anblick, als ich davor trat. Ein, ganzer, großer Eindruck füllte meine Seele, den, weil er aus tausend harmonierenden Einzelnheiten bestand, ich wohl schmecken und genießen, keineswegs aber erkennen und erklären konnte. Sie sagen, daß es also mit den Freuden des Himmels sei, und wie oft bin ich zurückgekehrt, diese himmlisch-irdische Freude zu genießen, den Riesengeist unsrer altern Brüder, in ihren Werken zu umfassen. Wie oft bin ich zurückgekehrt, von allen Seiten, aus allen Entfernungen in jedem Lichte des Tags, zu schauen seine Würde und Herrlichkeit. Schwer ist's dem

Menschengeist, wenn seines Bruders Werk so hoch erhaben ist, daß er nur beugen, und anbeten muß. Wie oft hat die Abenddämmerung mein durch forschendes Schauen ermattetes Aug, mit freundlicher Ruhe geletzt, wenn durch sie die unzähligen Teile, zu ganzen Massen schmolzen, und nun diese, einfach und groß, vor meiner Seele standen, und meine Kraft sich wonnevoll entfaltete, zugleich zu genießen und zu erkennen. Da offenbarte sich mir, in leisen Ahndungen, der Genius des großen Werkmeisters. Was staunst du, lispelt er mir entgegen. Alle diese Maßen waren notwendig, und siehst du sie nicht an allen älteren Kirchen meiner Stadt. Nur ihre willkürliche Größen hab ich zum stimmenden Verhältnis erhoben. Wie über dem Haupteingang, der zwei kleinere zu'n Seiten beherrscht, sich der weite Kreis des Fensters öffnet, der dem Schiffe der Kirche antwortet und sonst nur Tageloch war, wie, hoch drüber der Glockenplatz die kleineren Fenster forderte! das all war notwendig, und ich bildete es schön. Aber ach, wenn ich durch die düstern erhabnen Öffnungen hier zur Seite schwebe, die leer und vergebens da zu stehn scheinen. In ihre kühne schlanke Gestalt hab ich die geheimnisvollen Kräfte verborgen, die jene beiden Türme hoch in die Luft heben sollten, deren, ach, nur einer traurig da steht, ohne den fünfgetürmten Hauptschmuck, den ich ihm bestimmte, daß ihm und seinem königlichen Bruder die Provinzen umher huldigten. Und so schied er von mir, und ich versank in teilnehmende Traurigkeit. Bis die Vögel des Morgens, die in seinen tausend Offnungen wohnen, der Sonne entgegen jauchzten, und mich aus dem Schlummer weckten. Wie frisch leuchtet er im Morgenduftglanz mir entgegen, wie froh könnt ich ihm meine Arme entgegen strecken, schauen die großen, harmonischen Massen, zu unzählig kleinen Teilen belebt; wie in Werken der ewigen Natur, bis aufs geringste Zäserchen, alles Gestalt, und alles zweckend zum Ganzen; wie das festgegründete ungeheure Gebäude sich leicht in die Luft hebt; wie durchbrochen alles und doch für die Ewigkeit. Deinem Unterricht dank ich's, Genius, daß mirs nicht mehr schwindelt an deinen Tiefen, daß in meine Seele ein Tropfen sich senkt, der Wonneruh des Geistes, der auf solch eine Schöpfung herabschauen, und gottgleich sprechen kann, es ist gut!

Und nun soll ich nicht ergrimmen, heiliger *Erwin*, wenn der deutsche Kunstgelehrte, auf Hörensagen neidischer Nachbarn, seinen Vorzug verkennt, dein Werk mit dem unverstandnen Worte *gotisch* verkleinert. Da er Gott danken sollte, laut verkündigen zu können, das ist deutsche Baukunst, unsre Baukunst, da der Italiäner sich keiner eignen rühmen darf, vielweniger der Franzos. Und wenn du dir selbst diesen Vorzug nicht zugestehen willst, so erweis uns, daß die Goten schon wirklich so gebaut haben, wo sich einige Schwürigkeiten finden werden. Und, ganz am Ende, wenn du nicht dartust, ein Homer sei schon vor dem Homer gewesen, so lassen wir dir gerne die Geschichte kleiner gelungner und mißlungner Versuche, und treten anbetend vor das Werk des Meisters, der zuerst die zerstreuten Elemente, in Ein lebendiges Ganze zusammen schuf. Und du, mein lieber Bruder im Geiste des Forschens nach Wahrheit und Schönheit, verschließ dein Ohr vor allem Wortgeprahle über bildende Kunst, komm, genieße und schaue. Hüte dich, den Namen deines edelsten Künstlers zu entheiligen, und eile herbei, daß du schauest sein treffliches Werk. Macht es dir einen widrigen Eindruck, oder keinen, so gehab dich wohl, laß einspannen, und so weiter nach Paris.

Aber zu dir, teurer Jüngling, gesell ich mich, der du bewegt dastehst, und die Widersprüche nicht vereinigen kannst, die sich in deiner Seele kreuzen, bald die unwiderstehliche Macht des großen Ganzen fühlst, bald mich einen Träumer schiltst, daß ich da Schönheit sehe, wo du nur Stärke und Rauheit siehst. Laß einen Mißverstand uns nicht trennen, laß die weiche Lehre neuerer Schönheitelei, dich für das bedeutende Rauhe nicht verzärteln, daß nicht zuletzt deine kränkelnde Empfindung, nur eine unbedeutende Glätte ertragen könne. Sie wollen euch glauben machen, die schönen Künste seien entstanden aus dem Hang, den wir haben sollen, die Dinge rings um uns zu verschönern. Das ist nicht wahr! Denn in dem Sinne, darin es wahr sein könnte, braucht wohl der Bürger und Handwerker die Worte, kein Philosoph.

Die Kunst ist lange bildend, eh sie schön ist, und doch, so wahre, große Kunst, ja, oft wahrer und größer, als die Schöne selbst. Denn in dem Menschen ist eine bildende Natur, die gleich sich tätig beweist, wann seine Existenz gesichert ist. Sobald er nichts zu sorgen und zu fürchten hat, greift der Halbgott, wirksam in seiner Ruhe, umher nach Stoff ihm seinen Geist einzuhauchen. Und so modelt der Wilde mit abenteuerlichen Zügen, gräßlichen Gestalten, hohen Farben, seine Cocos, seine Federn, und seinen Körper. Und laßt diese Bildnerei aus den willkürlichsten Formen bestehn, sie wird ohne Gestaltsverhältnis zusammenstimmen, denn Eine Empfindung schuf sie zum charakteristischen Ganzen.

Diese charakteristische Kunst, ist nun die einzige wahre. Wenn sie aus inniger, einiger, eigner, selbstständiger Empfindung um sich wirkt, unbekümmert, ja unwissend alles Fremden, da mag sie aus rauher Wildheit, oder aus gebildeter Empfindsamkeit geboren werden, sie ist ganz und lebendig. Da seht ihr bei Nationen und einzelnen Menschen dann unzählige Grade. Jemehr sich die Seele erhebt zu dem Gefühl der Verhältnisse, die allein schön und von Ewigkeit sind, deren Hauptakkorde man beweisen, deren Geheimnisse man nur fühlen kann, in denen sich allein das Leben des gottgleichen Genius in seligen Melodien herumwälzt; jemehr diese Schönheit in das Wesen eines Geistes eindringt, daß sie mit ihm entstanden zu sein scheint, daß ihm nichts genugtut als sie, daß er nichts aus sich wirkt als sie, desto glücklicher ist der Künstler, desto herrlicher ist er, desto tiefgebeugter stehen wir da und beten an den Gesalbten Gottes.

Und von der Stufe, auf welche *Erwin* gestiegen ist, wird ihn keiner herabstoßen. Hier steht sein Werk, tretet hin, und erkennt das tiefste Gefühl von Wahrheit und Schönheit der Verhältnisse, würkend aus starker, rauher, deutscher Seele, auf dem eingeschränkten düstern Pfaffenschauplatz des medii aevi.

Und unser aevum? hat auf seinen Genius verziehen, hat seine Söhne umher geschickt, fremde Gewächse zu ihrem Verderben einzusammeln. Der leichte Franzose, der noch weit ärger stoppelt, hat wenigstens eine Art von Witz, seine Beute zu Einem Ganzen zu fügen, er baut jetzt aus griechischen Säulen und deutschen Gewölbern seiner Magdalene einen Wundertempel. Von einem unsrer Künstler, als er ersucht ward zu einer alt deutschen Kirche ein Portal zu erfinden, hab ich gesehen ein Model fertigen, stattlichen antiken Säulenwerks.

Wie sehr unsre geschminkte Puppenmaler mir verhaßt sind, mag ich nicht deklamieren. Sie haben durch theatralische Stellungen, erlogne Teints, und bunte Kleider die Augen der Weiber gefangen. Männlicher Albrecht Dürer, den die Neulinge anspötteln, deine holzgeschnitzteste Gestalt ist mir willkommner.

Und ihr selbst, treffliche Menschen, denen die höchste Schönheit zu genießen gegeben ward, und nunmehr herabtretet, zu verkünden eure Seligkeit, ihr schadet dem Genius. Er will auf keinen fremden Flügeln, und wären's die Flügel der Morgenröte, empor gehoben und fortgerückt werden. Seine eigne Kräfte sind's, die sich im Kindertraum entfalten, im Jünglingsleben bearbeiten, bis er stark und behend, wie der Löwe des Gebürges auseilt auf Raub. Drum erzieht sie meist die Natur, weil ihr Pädagogen ihm nimmer den mannigfaltigen Schauplatz erkünsteln könnt, stets im gegenwärtigen Maß seiner Kräfte zu handeln und zu genießen.

Heil dir, Knabe! der du mit einem scharfen Aug für Verhältnisse geboren wirst, dich mit Leichtigkeit an allen Gestalten zu üben. Wenn denn nach und nach die Freude des Lebens um dich erwacht, und du jauchzenden Menschengenuß nach Arbeit, Furcht und Hoffnung fühlst; das mutige Geschrei des Winzers, wenn die Fülle des Herbsts seine Gefäße anschwellt, den belebten Tanz des Schnitters, wenn er die müßige Sichel hoch in den Balken geheftet hat; wenn dann männlicher, die gewaltige Nerve der Begierden und Leiden in deinem Pinsel lebt, du gestrebt und gelitten genug hast, und genug genossen, und satt bist irdischer Schönheit, und wert bist auszuruhen in dem Arme der Göttin, wert an ihrem Busen zu fühlen, was den vergötterten Herkules neu gebar, nimm ihn auf, himmlische Schönheit, du Mittlerin zwischen Göttern und Menschen, und mehr als Prometheus leit er die Seligkeit der Götter auf die Erde.

Über tredition

Eigenes Buch veröffentlichen

tredition wurde 2006 in Hamburg gegründet und hat seither mehrere tausend Buchtitel veröffentlicht. Autoren veröffentlichen in wenigen leichten Schritten gedruckte Bücher, e-Books und audio-Books. tredition hat das Ziel, die beste und fairste Veröffentlichungsmöglichkeit für Autoren zu bieten.

tredition wurde mit der Erkenntnis gegründet, dass nur etwa jedes 200. bei Verlagen eingereichte Manuskript veröffentlicht wird. Dabei hat jedes Buch seinen Markt, also seine Leser. tredition sorgt dafür, dass für jedes Buch die Leserschaft auch erreicht wird.

Im einzigartigen Literatur-Netzwerk von tredition bieten zahlreiche Literatur-Partner (das sind Lektoren, Übersetzer, Hörbuchsprecher und Illustratoren) ihre Dienstleistung an, um Manuskripte zu verbessern oder die Vielfalt zu erhöhen. Autoren vereinbaren direkt mit den Literatur-Partnern die Konditionen ihrer Zusammenarbeit und partizipieren gemeinsam am Erfolg des Buches.

Das gesamte Verlagsprogramm von tredition ist bei allen stationären Buchhandlungen und Online-Buchhändlern wie z. B. Amazon erhältlich. e-Books stehen bei den führenden Online-Portalen (z. B. iBookstore von Apple oder Kindle von Amazon) zum Verkauf.

Einfach leicht ein Buch veröffentlichen: **www.tredition.de**

Eigene Buchreihe oder eigenen Verlag gründen

Seit 2009 bietet tredition sein Verlagskonzept auch als sogenanntes "White-Label" an. Das bedeutet, dass andere Unternehmen, Institutionen und Personen risikofrei und unkompliziert selbst zum Herausgeber von Büchern und Buchreihen unter eigener Marke werden können. tredition übernimmt dabei das komplette Herstellungs- und Distributionsrisiko.

Zahlreiche Zeitschriften-, Zeitungs- und Buchverlage, Universitäten, Forschungseinrichtungen u.v.m. nutzen diese Dienstleistung von tredition, um unter eigener Marke ohne Risiko Bücher zu verlegen.

Alle Informationen im Internet: **www.tredition.de/fuer-verlage**

tredition wurde mit mehreren Innovationspreisen ausgezeichnet, u. a. mit dem Webfuture Award und dem Innovationspreis der Buch Digitale.

tredition ist Mitglied im Börsenverein des Deutschen Buchhandels.

Dieses Werk elektronisch lesen

Dieses Werk ist Teil der Gutenberg-DE Edition DVD. Diese enthält das komplette Archiv des Projekt Gutenberg-DE. Die DVD ist im Internet erhältlich auf **http://gutenbergshop.abc.de**

Zeitfracht Medien GmbH
Ferdinand-Jühlke-Straße 7
99095 Erfurt, Deutschland
produktsicherheit@kolibri360.de